NICOLAS MATHIEU

JEDE SEKUNDE

Aus dem Französischen
von André Hansen und
Lena Müller

Hanser Berlin

Die französische Originalausgabe erschien 2024
unter dem Titel *Le ciel ouvert* bei Actes Sud, Arles.

1. Auflage 2025

ISBN 978-3-446-28175-2

Kolbergerstraße 22 | 81679 München | info@hanser.de

Umschlag: Anzinger und Rasp, München
Motiv: Single Bed © Ruth Swain
Satz: Sandra Hacke, Dachau
Druck und Bindung: GGP Media GmbH, Pößneck
Printed in Germany

FSC www.fsc.org MIX Papier | Fördert gute Waldnutzung FSC® C014496

Unausweichlich gehöre ich
der dunklen Nacht,
die Liebe heißt.
Victor Hugo

ICH SAGE DIR, die Literatur kann in Wirklichkeit nichts ausrichten. Was das angeht, lügen alle. Und ich hasse ihren jahrhundertealten Wahn, diesen asthmatischen Traum, all ihre Kunstgriffe, um die Leichen zu kaschieren, ich hasse ihre einbalsamierenden Nacherzählungen. In Wahrheit gibt es weder die wiedergefundene Zeit, diese fixe Idee aus Literaturseminaren, noch die Wiederauferstehung. Alle Bücher sind Totenstädte. Kein Satz, kein Einschub wird mir die Berliner Nacht wiederbringen, unsere heimlichen Nachmittage, die Badener Duschen oder das unfassbare Glück deines Hinterns in meinen Händen. Unsere tausendstündigen Gespräche, die Linke, die Rechte, deine Arbeit, der Feminismus, meine Bücher, deine Kinder und meins, das Petroleum dieser weinseligen Abende brennt nicht mehr, und kein Wort wird etwas daran ändern. Die Literatur weiß nichts über deine Bewegungen, dein Lachen, den Flaum auf deinen Schenkeln, die erstarren, sobald sie erzählt werden, und ich würde ohne Zögern tausend Jahre Literatur gegen eine Sekunde deines Blickes eintauschen, gegen das Geräusch deiner nackten Füße auf dem Parkettboden auf dem Weg ins Bad, gegen das unruhige Klappern deiner Sandalen unter einem Gartentisch. Ich würde Homer tilgen und alles nach ihm, um diesen goldenen Armreifen an deinem Handgelenk wiederzusehen und eine einzige der Sommerstunden unterm Dach im Zentralmassiv noch einmal zu erleben. Schau mir zu, wie ich Sätze bilde, schau, wie ich deine Haut suche und nur die Seiten des Wörterbuchs zu fassen kriege. Schau, wie meine Finger sich abmühen, das Leben nachzuspielen und nur Leere finden an der Stelle, die du warst.

Früher hätten wir lange Briefe geschrieben, wir hätten unsere Erinnerungen danach sortiert, was wir verschweigen wollten und was sagen. Und später als alte Leute hätten wir milde lächelnd auf der Bettkante gesessen und die armseligen Papierfetzen noch einmal gelesen. Aber heute geht alles schnell. Jede Nachricht ist ein Lachen, ein Seitenhieb, ein Bedauern. Wir schicken uns Rasierklingen durch den digitalen Raum. Sie tun ihr hässliches, egoistisches Werk. Sie sagen: Denk an mich. Hör mir zu. Ich existiere, vergiss mich nicht. Sie sagen: Ich bin allein und will dich verletzen. Sie sind neue Falten auf unseren Gesichtern, unnötige Verletzungen. Man bräuchte mehr Zeit. Man bräuchte das Meer und müsste die Distanz überwinden. Man müsste Stille wagen.

Er hatte es sich zur Gewohnheit gemacht, ihr diese Texte auf Instagram zu schreiben. So hatte ihre Liebesgeschichte ein Schaufenster. Es war ein Versuch, das Versteckspiel zu überwinden, sich selbst, aber auch den anderen eine Show zu bieten, das Spektakel einer beneidenswerten Beziehung. Ihre Liebe konnte sich am Zuspruch von Freunden nähren, die ins Vertrauen gezogen wurden, von unbekannten Lesern, von unwissenden, gebannten Passanten. Jeder Like brachte seine Fuhre Gips und stabilisierte ihr wackeliges Konstrukt. Ohne diese Vitamine wäre ihrer Verbindung vielleicht die Kraft ausgegangen. Er machte sich interessant, sie war geschmeichelt; die Nummer lief gut. Die Netzwerke dienten ohnehin allen als Falschmünzer. Jeder Tweet hatte seinen Hinterhof. Jede Landschaft trug eine Enttäuschung im Off in sich. Hinter jedem kleinen Ausbruch von Freude konnte man eine Verzweiflung erahnen. An diesem Tag aber mühte er sich nicht, versuchte nicht, zu gefallen. Er schrieb nur: Heute Abend werde ich da sein. Ich möchte alles. Mach dich bereit. Als sie das las, lächelte sie und konnte es dann kaum erwarten.

Er musste sich dieser unerfreulichen Wahrheit stellen: Sie lebte irgendwo ohne ihn, und dort sonnten sich andere in ihren Blicken, ließen ihre schlechten Wortspiele über sich ergehen, gaben ihr Feuer und diskutierten mit ihr. Dort bestritt sie ihr Leben. Sie stieg in Züge und Flugzeuge. Sie fiel abends müde ins Bett und schlief sofort ein, ohne sich abzuschminken. Er stellte sie sich vor, im Restaurant, hinterm Steuer, im Supermarkt und am Telefon, heiter, ehrgeizig, lebensfroh, rasant in ihrem Frauenbusiness, zugleich Mutter, Liebhaberin und Chefin. Aus der Ferne schmückte er diesen Alltag mit Vorzügen aus, die er sicher nicht hatte. Er vermutete andere Männer und dringendere Anliegen. Er dachte: Sie atmet irgendwo, und ich existiere nicht. Sie ist glücklich, und ich schaue Frankreich gegen Peru. Sie geht durch die Straßen, und die Leute sehen sie. Seine egoistische Sorge um dieses in der Ferne gelebte Leben stachelte seine Grausamkeit an. Es gab Momente, da wollte er sie sogar verletzen, sie verlassen, damit sie selbst einmal spürte, wie mies es war, allein zu sein. Und dann verjagte er mit einer Handbewegung diese armseligen Gedanken und schickte ihr eine kurze Nachricht, so einfach wie möglich: Wann kommst du? Ich will dich. Ich denke an dich.

Er dachte: Sie zu lieben, ist ein Fehler. Sie ist nicht zu greifen, und ich bleibe allein mit meinen Büchern, meinen schlechten Gewohnheiten und dem Sommer, der gerade erst anfängt. Zum Glück stellte sich bald eine gewisse Selbstgefälligkeit ein. Die Einsamkeit missfiel ihm eigentlich gar nicht so sehr. Er sah sich mit spröde-vergilbten Moravia-Romanen im Freibad liegen, in aller Ruhe, eine tonnenschwere Sonne auf der Brust, die Schönheit dieser immer neuen Jugend vor Augen, und verging langsam an einem Schmerz, an dem er schon immer gelitten hatte. Dann käme der September. Die Zeit wäre vergangen.

Die Jahre sind vergangen. Nie wieder werden wir dreißig sein, oder wenigstens vierzig. Wir kennen den Kummer, die Falten, wir haben die Blumen in uns abgetötet, sie knospen nicht mehr. Wir werden nie wieder Kinder sein. Erinnerst du dich an die Nächte mitten am Tag, die gestohlenen Minuten, den vorprogrammierten Streit und trotz allem die Zärtlichkeit und im Dunkeln dein Lächeln, das sagte: »Komm«? Erinnerst du dich manchmal an die bleierne Sonne auf dem ewigen Wasser des Mittelmeers, eine perfekte Insel, und wie wild wir waren in der klimatisierten Luft? Erinnerst du dich an den Sonntag und die Liegestühle unter dem alten Kirschbaum? Ich habe alles behalten, deine Hände, deinen Bauch, deinen Mund, das eine weiße Haar und dein Schmollen nach dem Aufstehen, das Meer, die Kreuzworträtsel von Perec, den Schnee, die Wölfe, den Rest. Ich habe eine genaue Erinnerung an deine Beine und deine Tränen, an gewisse sezierende Wörter und gewisse Blicke aus türoffenen Augen und deine Hand in meiner Hand eines Morgens vor dem Bahnhof. Ich habe jedes Detail abgespeichert, deine Zähne, den Duft deiner Haare, deine abgeknabberten Fingernägel, deine überall herumliegenden Kippen, eine Nacht, Weißwein und Meeresfrüchte, deine Raucherinnenstimme am anderen Ende der Leitung, wenn ich schrieb: »Ruf mich an«, deine gebeugte Gestalt in einer

Buchhandlung, die Griffe deines Kleiderschranks, der Spiegel, vor dem wir uns zwischen zwei Seufzern alles trauten. Ich trage den immensen Schatz unserer Geschichte in mir, die Dolchstöße, unsere in Schweiß gebadeten Körper, das noch ordentliche Bettzeug und unsere sich verhakenden Finger, die Urlaube, den eilig getrunkenen Kaffee, ein Weihnachten voller Kinder und unsere Redegewohnheiten, unsere eigene Sprache, denn jede Liebe ist ein indigenes Volk mit seinen Riten, seiner Grammatik, seinen Feinden, seinen Opfern und der Aussaat, die einen neuen Frühling beschert. Und in mir trage ich diese Saat, die schwache Möglichkeit einer letzten Ernte. Ich behalte alles, mach dir keine Sorgen. Eines Tages werde ich mit jener perfekten kreisenden Handbewegung die Saat unserer verlorenen Stunden auf den zerpflügten Boden werfen. In der Zwischenzeit übe ich mich in der langsamen Geduld des Neubeginns. Ich warte auf dich und gebe mich ganz diesem schönen Schmerz hin, dem höllischen Schicksal, nur zu leben, um dich zu lieben.

Keine Stadt ist groß genug, um diesen Morgen in sich zu bergen. Der Kaffee schmeckte noch genauso wie am Vortag. Durch die halb geöffneten Fenster folgten die Straßen unermüdlich ihrer unendlichen Partitur. Ich zählte die Brotkrümel auf dem weißen Tischtuch. Es war heiß und schwül wie in einem Roman von Marguerite Duras. Dann kam dein Uber, und das war's. Übrig bleibt nur die lange Geschichte der Zeit, die vergeht. Das Lachen und der Streit,

Duschen spät in der Nacht, Ringe unter den Augen, dein Körper schwer wie Teig, deine Füße, die meine suchten. Jeden Tag machen wir weiter mit unseren unsicheren Karrieren, unserem fransigen Leben. Häuser, Kinderbücher, verregnete Sonntage, diese Millionen Stunden voller Zwänge, im Büro, am Strand oder hinterm Steuer. Überall müssen wir dieses Tagwerk vollbringen, dieses Chaos aus Gier, panischer Angst und Zahlen, das uns als Zivilisation gilt. Du und ich, wir erfinden diese Welt am Rande des Abgrunds immer wieder neu, ein Lächeln auf den Lippen, ein Auge auf dem Bildschirm. Ob wir wollen oder nicht, sind wir Teil dieses Imperiums der Geschwindigkeit und der kleinen Deals. Und keine Stadt ist groß genug, um diesen scharfsichtigen Morgen zu bergen, an dem ich die Zuflucht deines Hinterns verloren und die Trostlosigkeit der Welt wiedergefunden habe. Zum Schluss wünschte ich mir, du wärst hässlich und alt und wir nur noch das Schimmern eines Auges im Halbdunkel, wenn du flüsternd sagtest: »Komm«. Keine Stadt kann die Unermesslichkeit deines Abschieds bergen und die Leere, die deinen Platz zwischen meinen Händen einnimmt.

Was uns letztlich so angetrieben, was diese heiße Dringlichkeit in jede Begegnung gelegt hatte, war nicht die Sonne, nicht dein Körper, nicht diese Naivität von Lesenden, die Liebe und so weiter. Es war die Vorahnung des Endes. Es war die Gewissheit, dass uns die Zeit davonlief. Aber in diesem Zwischenraum galt es, eine Welt zu erschaffen, mit unseren Händen, Geste für Geste, ein Biss nach dem anderen. Danach würde es nichts zu bereuen geben.

Die Wahrheit deiner Haut, hier ist sie. Es geht nicht um heiße Steine, Alabaster oder die Brandung des Meeres. Die Wahrheit ist dein Rücken, der an die Wand gepresst wird, und sofort bist du feucht und sagst: Beiß mich, küss mich, spür, wie ich es kaum erwarten kann. Es ist fünfzehn Uhr, es ist heiß, am Morgen hast du Sport gemacht, und ich suche an deinem Hals nach dem Geruch deines Schweißes. Du ziehst deine Jeans aus, deinen Slip, du quillst über, du bist eine süße Wunde, eine Frucht, ein Säugetier, eine Hure. Das ist die Wahrheit deines Körpers, der Hunger nach einem Menschen und der Regen, dein Lächeln im richtigen Moment und deine Worte, bei denen ich hart werde, unsere aneinandergepressten Leiber, dieser vollkommene Sumpf unserer Geschlechtsteile. Beiß mich, fick mich, hör nicht auf. Es sollte ein Leben lang dauern, zumindest zwei Stunden, mach weiter bitte. Du beugst dich vor, du streckst mir deinen Hintern hin, du nimmst meine Hände als Ausrede, ein Ausbruch von Zärtlichkeit, der den Kern der Dinge kaum kaschiert: Du willst unter meinem Gewicht krepieren. Du bist eine Begierde, eine Bestie, und dein elektrisiertes Haar, unsere Schlangenhaftigkeit, und schließlich dein großer Körper, der in der Badewanne kauert, während du alles Gute, was wir uns getan haben, ohne Reue wegspülst, du bist schön, und ich sammele meine Kräfte im verwüsteten Bett. Hochgestecktes Haar, eine Spur Mascara. Schon jetzt erkenne ich dich nicht wieder. Du hast zur Lüge der Zivilisation zurückgefunden. Nur noch das ironische Blitzen in deinen Augen erinnert an die Unordnung von vorhin. Komm bald wieder. Wir werden Schlimmeres tun, versprochen.

Es war ein Sommer im Futur II. Kaum sagte man morgen oder heute Abend, fühlte es sich schon wie eine Erinnerung an. Natürlich war es zu heiß, und in dem kleinen Zimmer im Obergeschoss hörte ich dir im Schatten, in der grünen Morgendämmerung beim Atmen zu. Am Vorabend hattest du zu viel geraucht. Ich konnte es am Pfeifen in deiner Brust erahnen, über das man nicht sprechen durfte. Auf dem Nachttisch verstaubte ein Buch von Bernanos, ein Glas Wasser signalisierte mit einem Zittern Schritte im Flur. Deine umgekippten Pumps auf dem Boden. Im Lichtpuder erinnerten mich die Bewegungen an andere Zimmer, an Griechenland, Südfrankreich, diese Länder der Kindheit, an unfreiwilligen Mittagsschlaf. Plötzlich bewegtest du dich ein wenig, entblößtest deinen Rücken, auf dem das Laken Schraffuren hinterlassen hatte. Ich legte einen Finger auf dein Schulterblatt. Deine Hüfte ganz nah, deine Haut wie eine Schrift. Du täuschtest Schlaf vor, die Augen geschlossen, den Rücken durchgestreckt. Wir mussten uns nicht einmal mehr ausziehen.

Auf dieser Terrasse schien sie glücklich zu sein. Im Vorbeigehen dachte er daran, dass sie abseits von ihm ein ziemlich frühlingshaftes Leben führte. Er grub die Hände in die Taschen und ging weiter. Er würde sich jetzt um diese winzige, köstliche Wunde kümmern, um diesen Herzschmerz wie aus einem italienischen Chanson. Fast nichts. Er würde beides auskosten. Sich lächerlich zu machen, war kein Problem mehr. Er hatte alle Zeit der Welt.

Beweg dich nicht, lass mich erzählen. Heute Nacht ist der Sommer erstorben, und unter der Pergola höre ich den Himmel herabstürzen. Eine Zigarette, ein Kaffee, der Regen ist schwer wie Öl, gekrümmt vom Wind. Die endlose Sonne hat dem Trommeln der Wolken nachgegeben, die ziehen, ziehen, in den höheren Luftschichten, in denen schwarze Vögel schreien. Die Erde ist karg, du weißt schon, geruchlos. Vor lauter zurückgehaltener Stimmungen ist sie geizig. Man kann sie fast hören, wie sie lauter grollt als ein Gewitter und an die Strahlen zurückdenkt, die sie monatelang niedergestreckt haben. Aber sie hält durch, hofft auf die Welle, die kommt, um sie zu öffnen und fortzutragen. Unter dem Dach gibt es nur noch Winkel, Scharten, sich neigende Körper und die blassen Muster ihres Rauchs, den es dorthin zieht, wo du bist. Der Mistral mag keine geraden Linien. Er verzieht den Schatten, das Laub, die Sträucher haben es schwer, die Olivenbäume möchten sich davonstehlen. Und der ganze Park sträubt sich gegen seine altgewohnte Herrschaft. Im Trockenen mache ich für dich die Bestandsaufnahme der Wolken. Ab sechs Uhr morgens halte ich Wache an deinem Bett. Ich weiß, dass du da bist, irgendwo, gefangen, eingeschlossen, eine Katze an deiner Seite schnurrt dir mein Flüstern zu. Ich schaue auf, der Himmel hat sich schon umgezogen. Drei gleiche Schattierungen, überall Blau, ich denke an dich, das ist mein Beruf.

Manchmal wache ich auf, spüre die Leere neben mir und denke an dich in deiner Küche. Die warme Milch, die Toasts, im Radio France Inter, deine nackten Füße auf dem kalten Boden, deine eilig zusammengebundenen Haare, die Kinder, die ihren Kakao trinken. Ich stelle dich mir vor, schnell wie ein Kolibri, alles an seinem Platz, eine Welt, die im Morgengrauen neu erschaffen werden muss, die Schule und die Nachrichten, du hast schon Lust, zu rauchen, und betrachtest den Tag, der Form annimmt, den weiten, neu begonnenen Himmel, während du deinen Kaffee trinkst. Dein Sieben-Uhr-Schmollmund, dieser Lebenshunger, der schon da ist. Ein kleiner Junge entziffert die Müslischachtel. Scheingefechte. Los, Beeilung, das Badezimmer wird gestürmt, die Kinder sind nachlässig gekleidet, und du bist wie immer, glücklich, zäh, das Gegenteil einer Glucke, und die Kleinen, die allein klarkommen, eines Tages sind sie weit weg, und du hast es geschafft. Manchmal denke ich an dieses große Glück, zu leben, das dich nie im Stich lässt, und ich denke, dass du vielleicht die Morgensonne meines Lebens bist.

Und ich liebe sogar deine Feindseligkeit, die stumme Distanz, die du zwischen uns schaffst, deine sarkastischen Bemerkungen und diese vordergründige Gleichgültigkeit, wenn ich dir von meinen mageren Heldentaten, meinen kindlichen Triumphen erzähle. Du lächelst abwesend und lässt mich reden. Wenn ich in deine Gedanken einziehen will, stehe ich vor verschlossenen Türen. Du lässt dich nie täuschen, nie erobern. Mit dir gibt es keine Ruhe, du bist eine Festung, ein Biest, ein Fieberschub. Und ich liebe dein scheinbar kaltes Herz, deine gespielte Verachtung, deine Blicke, die mich in die Wüste schicken, und diese hölzerne Stirn, an die meine Lippen stoßen. Ja, ich mag deinen Argwohn und deine Hand, die sich mir entzieht, deine schneller werdenden Schritte. Ich liebe deine Ausflüchte, deine Grausamkeiten, das Gift deiner Urteile, wenn du mir »Arschloch« schreibst und gleich darauf »Ich komme«. Ich liebe die ganze Lüge deiner Ablehnungen, die schweigend und in Ermangelung anderer Worte nur eines in mein Ohr flüstern: »Lass mich in Ruhe, ich fürchte, ich liebe dich.«

Er ist da, der große Tag, von dem wir so viel gesprochen haben. Der Ehebruch ist keine Revolution, schnell leben und sich für zwei geheime Stunden aneinanderketten, bevor man wieder in den Fluss der Autos und der Gleichungen ohne Unbekannte eintaucht. Der große Tag ist die Butter, die man auf ein Brot streicht, das man nicht essen wird, der Geruch von Fleckenspray in der Frühe, zehnmal die Treppe rauf und runter, eine heiße Dusche und dein nasses Haar, die schlafende Liebe, das besorgte Herz, eine Falte zwischen den Augenbrauen, deine Augen, mein Gott, deine Augen, fünfzehn, dreißig und tausend Jahre alt, ohne den Schatten einer Wolke, mit den quadratischen Glanzlichtern, die man von Selfies kennt. Der große Tag ist die Anonymität des Alltags, das Hemd, das du mir klaust, die Kilos auf der Waage, das federleichte Herz, die zärtlichen Worte, die man endlich nicht mehr zurückhält, die bei jeder Gelegenheit geflüstert werden und unter der Bettdecke nach einem Echo suchen, das ihnen sagt: »Ja, ich gehöre dir, hab Geduld, wir haben alle Zeit der Welt, nichts geht vorbei.« Mein großer Tag bist du, meine Raucherin, mein Puma, scharfsinnige Mutter, mein Herz, das Reich deiner Arme.

Hör mir zu. Morgen werden wir alt und langsam sein. Da sind dann deine Kinder und deine Unterlagen, deine Wäsche und die Leute am anderen Ende der Leitung, Gesetze und Staus, der Trubel beim Abendessen und deine übervollen Tage. Morgen wirst du weit weg sein, und jeder von uns muss sich allein behaupten. Morgen müssen wir wieder atmen, Geld verdienen und den Kühlschrank füllen, die Kinder von der Schule abholen und Zeitung lesen, wieder lachen und auch altern, nach und nach, unweigerlich. Diesen Beruf des Lebens werden wir ausüben, so gut es geht, du und ich, einer ohne den anderen, und die Zeit, die zwischen uns liegt, wird immer dichter. Und irgendwann werden wir nicht mehr wissen, was der andere macht, wo er ist und ob er an uns denkt. Sag nichts. Hör mir zu. Wir werden trotzdem existieren, trotz der Distanz und des Vergessens. Das wird unser Los sein, und es wird uns nicht einmal sehr schmerzen, das ist vielleicht das Schlimmste. Aber du musst wissen, dass ich dich heute, auf dieser Terrasse und im Grau, zum Sterben schön fand. Ich habe mir Zeit gelassen und dich angeschaut, als wäre es das letzte Mal. Ich nahm mir deine Falten, den schwarzen Lidstrich, deine Haut, den Leberfleck am Hals, ein graues Haar, deinen Mund, rosa und weich wie Kaugummi, die abgebrochenen Fingernägel, den Silberring, den Strohhalm, den du als Zahnstocher benutzt hast. Ich habe alles mit animalischer Geduld betrachtet. Ich habe mir alles tief eingeprägt, bis es schmerzte, und morgen kann ihr nichts anhaben, dieser einen Minute. Ich werde dir dieses lächerliche Geständnis nicht machen, diese drei Worte, die man sich nachts im Dunkeln im Bett sagt. Du ahntest nichts, und eines Tages werden wir alt und langsam und bald tot sein. Aber dieser Moment gehörte uns. Du fandest meinen Blick dumm und starr. Ich habe mir einen Vorrat von dir angelegt. Ich nahm dich in Einzelteilen mit. Ich labte mich an der Wunde, dich schon verloren zu wissen.

Es gibt keinen Grund, glücklich zu sein, und es ist mir egal. Überlassen wir anderen die Last des Glücks. Uns ist das Halbdunkel beschieden, Hotelzimmer und Nachmittage mit zugezogenen Vorhängen. Wenn wir sonst nichts haben, bleiben uns die verstohlenen Blicke und die Unterwasserkomplizenschaft, die Terrasseninseln und die Autobahnen, um eine neue Welt zu erfinden, mit hundertdreißig Stundenkilometern und deine Hand in meinem Nacken.

Wir werden keine Pläne haben, keine Pause, nur unsere Finger und unsere Lippen. Wir werden uns damit begnügen, solange es geht. Wir werden keine Kinder haben, keine Sonntage. Nur unsere gekoppelten Gedanken, unsere präzisen Nachrichten, ich bin hier, ich denke an dich, was machst du, ich vermisse dich, schreib mir. Wir werden nichts aus dieser Beziehung machen, keine Kredite aufnehmen, kein Familienessen organisieren, keine Fotoalben anlegen. Am Ende wird alles verloren sein. Nichts wird übrig bleiben von unseren schlaflosen Nächten, den zerwühlten Betten und dem dumpfen Geräusch deiner nackten Füße auf dem Weg ins Bad. Eines Tages werde ich ein Haargummi und zwei Haarspangen finden. Das wird alles sein. Bis dahin gibt es nichts zu tun, außer zu lieben.

So sieht es aus. Wieder mit dem Zug fahren, in Hotels schlafen, tausend Gesichter ohne Münder und Straßen quer durch die Republik. Jeden Abend hast du weiße Laken, frische Handtücher und den Fernseher, der nie beim ersten Versuch angeht. Und jeden Morgen die gleichen Männer in hellen Hemden, die nach Duschgel riechen und ihren Kaffee trinken, die ernsten Frauen, die sich ihren Joghurt und Obst nehmen und unschlüssig vor der Croissantauswahl verharren. Über den Bildschirm unter der Decke flimmert schon die endlose Reihe von endlos debattierten Skandalen. Später ein Bahnhof, die Augen eines Mädchens über ihre Maske hinweg, die Dame mit ihren zu schweren Koffern und der pfeifende, nach Schweiß riechende Reisende, dein Bruder. Wieder diese Pendlerexistenz, zu kurze Aufenthalte, wiederholte Fragen und vorbeiziehende Fassaden. Jedes Mal gibt es irgendwo einen Fluss, ein Meer oder eine Kirche, die ich nicht sehen werde. Ich habe nicht die Zeit, ich habe nicht die Kraft, ich bin zu spät dran. Sei's drum. Es ist die hitzige Zeit der ständigen Begegnungen, der Menschen, die mit dir reden, über sich, das Buch, ihr Leben, die Worte, die sie wählen. Ich treffe sie jeden Abend und vergesse dann die Müdigkeit und die Wiederholungen. Denn alles beginnt von neuem, es ist immer das erste Mal und dann, von Zeit zu Zeit, beim Signieren diese leise Stimme, auf die ich seit meiner Kindheit warte und die mir sagt, verdammt, genau das ist es, mach weiter, danke, auch wir sind im Krieg. Dann kommen die Nacht und der Wein, die Buchhändler, die Brasserien und ihr Stimmengewirr.

Morgen, das verspreche ich dir, werde ich vernünftig sein und mich ausruhen. Ich entspanne meine Schultern. Das ist die große Tournee mit den immer gleichen Liedern bei dreihundertfünfzig Stundenkilometern, das Leben der TGVs und der Schinkenbaguettes, der Felder bis zum Horizont und der immer neu beginnenden Provinzen, der kurzen Telefonate und der überquellenden Terminkalender. Ich beeile mich, gebeugt, müde und froh, der Tod kommt nicht so bald. Es passiert etwas Ungeplantes. Dieses große, in List und Zorn getränkte Land, das man trotz allem lieben muss.

Städte ähneln Terminkalendern. Vom Badezimmer zum Büro, vom Leclerc zum Schulfest erstellen sie ihre Listen und schränken uns ein. Jeden Morgen die gleichen Herdenwanderungen. Jeden Abend die Heimkehr, müde, schmutzig, ohne Kraft und ohne Lust auf dieses fremdgesteuerte Leben, in dem wir wie blind umhertappen und uns kläglich fragen: Ist das alles? Und dann, eines Tages bist du da, dein Nacken, dein Profil, ein Haarknoten und wir unterbrechen für ein paar Stunden unsere schwachsinnigen statistischen Kreisbewegungen. In den Terminkalendern lassen wir nun Lücken, Rätsel, unbeantwortete Nachrichten, Verabredungen, die nie eingehalten werden. Und diese Stadt wird zu einem Orientierungspunkt. Wir übersäen sie mit verschlossenen Zimmern, Verstecken und unantastbaren Nachmittagen. Wir nehmen uns die Zeit zurück, die sie uns stehlen. Wir entreißen ihnen die Kraft und widmen sie einander, schwitzen und kämpfen, wenn wir uns endlich auf der Durchreise in diesem Bett wiederfinden, um uns zu beißen.

In jeder Stadt wartet ein Zimmer auf dich. Dort legst du für eine Nacht dein Gepäck und deine Müdigkeit ab. Jedes Mal triffst du auf eine Neonröhre, einen verblassten Teppich, saubere Bettlaken und einen sauber eingeschweißten Plastikbecher. Jedes Mal beobachtest du die gleiche Sorge um Hygiene, das gleiche Streben nach optimiertem Komfort und die unpersönliche Hässlichkeit einer Inneneinrichtung, die niemandem gehört. Du öffnest deinen Koffer, ein Buch und deinen Computer. Das ist dein Zuhause, und das ist nirgendwo, für eine Nacht, einen verlängerten Nachmittag, ein bisschen zerstückelten Schlaf zwischen zwei Bahnhöfen. Durch die immer zu dünne Wand hörst du das Lachen einer amerikanischen Touristin oder die fiktive Stimme einer Nachrichtensendung. Beim Frühstück der immer gleiche Kaffee, künstlicher Fruchtsaft, Schinken und frische Eier, Vertriebsmitarbeiter in hellen Hemden, die nach Duschgel und nassem Haar riechen, oder das x-te Rentnerpaar, das endlich die Europareise macht, die es sich schon lange versprochen hatte. In jeder Stadt gibt es Züge, Kreisverkehre, Notfälle, eine Wirtschaft, die es anzukurbeln gilt, Ampeln, die auf Grün schalten, die fieberhafte Eile von Müttern, die frühen Lichter eines vorgezogenen

Weihnachtsfestes und natürlich dein Zimmer, das auf dich wartet, ruhig und sauber, wie eine hohle Insel, ein altmodischer Hafen. Man hat dir einen Wasserkocher, Kabelfernsehen, Satellitenempfang und Canal Plus bereitgestellt, drei weiße Handtücher, heißes Wasser, das anfangs nur spärlich fließt, die Automatismen deiner ausklingenden Tage. Natürlich würdest du gerne früh ins Bett gehen und acht Stunden schlafen, aber etwas stellt sich diesem täglichen Vorhaben in den Weg. Etwas bohrt in dir, eine Sorge, der du keinen Namen geben kannst. Also fixierst du einen Punkt im Raum, der nicht die Einsamkeit ist, und lässt den Moment kommen, in dem die Müdigkeit so schwer wird, dass du sie nicht länger tragen kannst.

In jeder Straße dieser Stadt und im ganzen Land gab es kleine Kneipen ohne große Ambitionen, deren Geschichte man hätte aufschreiben sollen. Ihr Programm aus Chrom und Resopal war einfach, ihr Publikum wohlbekannt. Jeden Tag boten sie einer Handvoll einsamer, von der Arbeit ruinierter oder schlecht verheirateter Männer den sofortigen Trost ihres gelblichen Alkohols. Die Stammgäste, die man beim Vornamen rief, kamen hierher, um Ricard, Suze oder Stella vom Fass zu trinken oder die unbestimmte Bitterkeit eines Montagmorgens mit einem kleinen Weißwein hinunterzuspülen. Mit diesem gleichmütigen Gold bezahlten sie sich für ihre Anstrengungen, entlohnten sich reichlich für die Mühe, die sie sich gaben, um weiterzuleben. Aber die Schar der Saufbrüder hatte diese Zufluchtsorte mit Schanklizenz nicht für sich allein. Zwischen Flipperautomat und Stehklo gab es außerdem Angestellte mit tiefen Augenringen, die ihren Kaffee tranken und vor sich hin politisierten, grell geschminkte Mädchen, die bei einer Limo für die Schule büffelten, und zwei, drei Touris, die sich auf Englisch Hoffnungen auf ein Salami-Baguette machten. Und manchmal sogar ein Bodenmosaik eines Zuchtspaniels mit heraushängender Zunge. Von früh bis spät spiegelte sich im großen Cinzano-Spiegel die lange Prozession der abgekämpften oder lachenden Kundschaft, die endlos ihren Durst löschte, während der Wirt mit Nachsicht über seine vorüberziehenden Untertanen waltete. In den effizienten Großsiedlungen, den verlassenen Dörfern und unter der Last von dreißigstöckigen Hochhäusern waren diese Höhlen oft eine Art letzte Bastion. Dort am Tresen und in der Nacht gab es noch ein wenig freie Zeit und Reste von Menschlichkeit, die die große Maschinerie zur Steigerung des Reichtums außer Acht gelassen hatte. Aber diese Schlupfwinkel verlangten einen hohen Preis. Für ihren Erhalt brauchte es tausende Alkis, die bereit waren, ihr Leben zu opfern, um sie zu bescheidenem Wohlstand zu bringen. Wer würde diese Geschichte von Durst und Verderben aufschreiben, die nationale Erzählung von schlaflosen Nächten und alkoholverbrannten Hirnen? Bis dahin saßen die Männer mit dem verschwommenen Blick weiter vor ihren Gläsern und tranken, unermüdlich und rührend, Kanonenfutter in diesem Krieg, den die Schänken gegen die Welt führen.

Eigentlich reist niemand, oder so gut wie niemand. Alles Mögliche wird als Reise bezeichnet, aus Faulheit, Bequemlichkeit, um sich wie immer mit schönen Worten zu schmücken, aber es sind immer nur Urlaube, Atempausen im Freien, bei Reiseveranstaltern erstandene Tapetenwechsel oder, noch schlimmer, die absurde Eile der Geschäftsreisen. Was sonst? Man überprüft irgendwo die Idee, die man sich von einer Stadt, einer Landschaft gemacht hat, man wiederholt mit den Füßen den Film, den man sich mit Hilfe von Büchern zurechtgelegt hat, man ist woanders, um zu vergessen, dass man von woher kommt. Reisen wäre etwas ganz anderes. Ein Moment an der Kreuzung zwischen Ferne und Tod. Die Möglichkeit eines Verschwindens. Was es auf jeden Fall gibt, sind Städte. Ich habe sie gesehen, ihren Stolz, ihre immer neuen Einsamkeiten, ihre katastrophale Überfüllung. In Seoul, Oslo oder Wien, die gleichen Bürgersteige, die gleichen Versuche in die Höhe, die gleiche Anhäufung von Palästen und Wolkenkratzern und die Freude beim Gedanken, mich kennt hier niemand, ich kann verloren gehen, überall ist das Leben unvergleichlich, ein Gewimmel aus Gewohnheiten, eine Langsamkeit beim Gehen, die niemals Langeweile sein wird, und eine Million Arten, die Zeit, den Körper und die Erde zu bewohnen. Jedes Mal diese Beglückung beim Betreten einer Bar oder eines Restaurants, diese von Gesichtern umringte Isolation, die der Freiheit so ähnlich ist. Du trinkst ein Bier, lauschst ihren unverständlichen Worten, denkst an den Anruf, den du später tätigen wirst. Du fühlst dich wohl. Die anderen sind tatsächlich andere, sie lachen ohne dich, ihre Fernsehprogramme gehen dich nichts an, die Realität kommt deiner Schwäche entgegen: Du bist zu diesem idealen Voyeur geworden, der nicht einmal schreiben muss. Endlich kannst du dich ausruhen und mit einer fast unerträglichen Zärtlichkeit an die Frau denken, die du zurückgelassen hast. Du wirst sie später anrufen. Du wirst ihr alles erzählen, und sie wird so tun, als würde sie dir glauben. Vollmundig wirst du ihr sagen: Weißt du, eigentlich reist niemand.

Gestern Abend warst du da, am anderen Ende der Leitung. Und ich saß auf einer Bank und lauschte unserem Schweigen, allein in der Dunkelheit, so geborgen in deiner vermeintlichen Anwesenheit. Ich lauschte unserem Schweigen und hörte dein Lächeln, deine Zigarette, die von Zeit zu Zeit ein Loch in eine Nacht brannte, die nicht die meine war. Ich lauschte deiner Stimme, deinen Hüften, ich lauschte deinem Nacken und deinen Händen und dem Flaum auf deiner Haut, dem Knistern des Tabaks, ich lauschte deinem Blut, das vom Herzen bis zum Kopf pulsiert und von dem alles abhängt. Hier war es mild, und der bedeckte Himmel bot nicht den geringsten Halt. Also sagte ich dir mögliche Worte, Geständnisse, Dummheiten. Aber vor allem hörte ich auf den Atem zwischen den Worten, auf das Ungesagte, auf das Geheimnis, das aus dem Bauch kommt, auf das wachsende Rätsel zwischen uns. Weißt du, die ganze Weltkugel ist von den Maschen unserer Sehnsüchte umspannt, diesem Netz, das die Menschen knüpfen, wenn sie von einem Ende der Welt zum anderen telefonieren, von Hongkong nach Sydney, von Bar-le-Duc nach Épinay. Die ganze Erde ist in diesem riesigen Geflecht aus Stimmen, Geschrei und Einsamkeit verfangen. Und in diesem Durcheinander der Hemisphären waren gestern Abend wir, winzig klein, mit unseren Geschichten, unseren Verletzungen und der dünnen, gepunkteten Linie, die uns zusammenhielt. So wenig. Ein Mann, eine Frau, zwei Körper, tausend Kilometer voneinander entfernt, die gern Hände hätten und nur Worte haben. Die sich gern Dinge ins Ohr flüstern würden, von denen man Gänsehaut bekommt, Teenagerworte, bei denen man sich unsterblich fühlt. Aber es wurde spät, ein leises Stimmchen meldete sich. Es hatte Hunger, und ich liebte dich.

Du bist heute krank, und ich bin weit weg. Ich hätte gern Kräutertees gemacht, Tabletts die knarrende Treppe hinaufgetragen, an deinem Bett gesessen und ein Buch gelesen, meine Stunden damit verbracht, über deinen Körper zu wachen, der unter der Bettdecke glüht. Ich hätte Orangen ausgepresst, das Zimmer gelüftet, Nudeln für die Kinder gekocht. Ich wäre in die Apotheke gegangen und hätte meine Hand auf deine Stirn gelegt, um deine Hitze zu spüren, die Tropen deiner Haut, meine große Reise, mein einziges Polynesien. Dann hätte ich mich angezogen neben dich gelegt, um dir beim Schlafen und Husten zuzusehen. Wir hätten uns in die Augen geschaut und leise unterhalten: Pass auf, du wirst dich noch anstecken. Ist mir egal, küss mich, lieber will ich krepieren. Du hättest trotz Husten gelacht und auf dem hellen, zerknitterten Laken nach meiner Hand gegriffen. Im Stillen hätte ich mir gewünscht, dass die Krankheit sich hinzieht, um mich noch ein wenig um dich und die Kinder zu kümmern, euch meine Kraft und auch meine Zeit zu schenken, das Kunststück zu vollbringen, mich in der Sorge um dich zu vergessen, dein Fieber als meine Chance zu verstehen, noch eine Stunde länger nur dir zu gehören. Nachts hätte ich in der Nähe deiner dampfenden Decken geschlafen, brennend heiß, wie in jener Nacht, du erinnerst dich, als wir uns von der Hochzeit ins Hotel stahlen, um zwei Stunden in hellen Flammen aufgehen zu lassen. Ich hätte deinem schweren Atem und deiner rasselnden Brust gelauscht, dein vom Fieber stumpfes Haar und deine Augenringe betrachtet und hätte, wenn du endlich tief eingeschlafen wärst, deine Wange und deinen Hals mit der Fingerspitze berührt und den scharfen Geruch der Krankheit auf deiner Haut eingeatmet. Ich hätte dich an mich gezogen, wie man die Schmelze aus einem Hochofen auffängt, und mich ganz in das Bad deines Körpers mit seinen zehntausend Grad gleiten lassen.

Seit Wochen, sogar Monaten, habe ich jeden Morgen die Dämmerung gesehen und hundertmal die langsame Blässe beobachtet, die von der Erde aufsteigt und der Nacht ein Ende bereitet. Weißt du, es gibt einen ganzen Pulk, der den frühen Morgen bevölkert, Müllmänner, Angestellte mit schweren Lidern, geschäftige Krankenschwestern, Taxis auf der Zielgeraden, Kneipengänger und Kätzchen, die im Park spielen. Wir alle leben in diesem Zwischenmoment, diesem zweideutigen, kohlefarbenen Ort, an dem die Schlaflosigkeit endet. Aber es ist für uns kein Moment, sondern ein Land. Ein Land ohne Pass, flüchtig und ernst, wo man endlich allein ist, ruhig und ohne Stoppuhr. Es ist der Ort, von dem aus ich dich erahne, mein Herz, deine erste Zigarette, Slip, T-Shirt und nackte Füße, deine noch halb geschlossenen Augen und deinen Entenmund beim Aufwachen, die Kinder, die die Treppe hinunterstolpern, die Nachrichten im Radio, die niederprasselnden Anweisungen, vergiss deine Flöte nicht, lass mich dein Heft unterschreiben, zieh dich an, wie oft muss ich es dir noch sagen, na komm, Küsschen, habt einen schönen Tag. Ich sehe alles, weißt du, wie du deine Kleidung auswählst, diese anmutige Bewegung, mit der du dein Haar zusammenbindest, das schwere Schwingen deiner Hüften, um die sich eine Jeans schmiegt, schon ist dir zu heiß, und der Tag hat noch nicht einmal begonnen. Ich sehe dich aus so großer Ferne und kenne dich aus so großer Nähe. Ich kann den Geruch des Kaffees riechen, den Geruch deiner Haare und den anderen, den geheimsten, den ich früher einsog, der mein Leben war. Ich sehe deine Hände, die Tasse, deine Lippen auf dem Rand, deine langen Wimpern hinter der Brille, deine morgendliche Trägheit und wie du dich gähnend streckst. Aber die Sonne steht schon zu hoch, die Welt geht auf, und es gilt, sich der Herde anzuschließen, ihrem Geblöke, dem Leben ohne dich, diesem zum Sterben öden Trott, in dem dein Hintern fehlt. Aber egal. Morgen werde ich wieder da sein, immer pünktlich. Ich werde noch einmal zusehen, wie die Nacht im Licht krepiert, und ich werde mich an derselben Stelle postieren, denselben Traum wieder träumen, in dem ich bei dir bin. Denn nichts existiert außer der Abwesenheit deiner Schritte.

Seit ich in Zügen, Bahnhöfen und Hotels lebe, haben wir eine Schwäche für kurze Telefonate. Eine Nachricht: »Ruf mich an«, und dann ist da deine Stimme und die schlechte Laune, hinter der ich die Freude, dich zu hören, verberge. Du lachst über diese Schamhaftigkeit wie über die Dummheit eines Kindes. Es sind zärtliche, zweisilbige Worte, lächerliche Worte, die deine schwere, heisere, weibliche Stimme am anderen Ende sagt, weit weg, dort, wo du von morgens bis abends ohne mich deinen Geschäften nachgehst. Ich stelle dich mir nicht vor. Ich bade nur in deiner Stimme. Gestern habe ich zu viel getrunken. Ich erzähle dir von meiner Müdigkeit, meinen kleinen Erfolgen, von dem, was mir Angst macht und mich begeistert, vom ganzen Rest, die Familie, die Menschen, die Überfülle, und all das amüsiert dich. Sieh uns an. Jeder in einer Stadt, umgeben von Menschen und einsam. Wir haben jetzt Erinnerungen und Verletzungen. Wir haben Frühstücke, Nächte, in denen wir nebeneinander schlafen, Ausblicke aufs Wasser, Tränen und zwei, drei Gläser zu viel. Ein ganzes gestohlenes Leben, tausend heimliche Minuten, die unsere klägliche Vita sind. Sieh uns an. Wie gut es uns geht.

Es gibt Menschen, die wissen Bescheid. Sie wissen, wie man große Häuser am Meer günstig mietet, wie man Staus umfährt und wie man eine gute Matratze, einen Burgunder oder eine schnellere Route durch diese Stadt wählt, die ihnen zu gehören scheint. Sie wissen, wie man trinkt und Ski fährt, wie man Geliebte hat, wie man die Karriereleiter erklimmt, wie man per Telefon Kontakte pflegt und große Essen organisiert, bei denen man zwanzigjährige Freundschaften begeht, und dann klopft man einander auf den Rücken, kommt gut nach Hause, bis bald. Sie wissen, wie man lebt, sie genießen es, man erkennt sie an ihren Gesten, ihrem Lächeln, ihren Häusern mit den tobenden Kindern. Später, am Ende, werden sie Erinnerungsstücke hinterlassen, Schlüssel in Schubladen, Festplatten voller Fotos, ein Schluchzen auf dem Gesicht einer Frau. Ich weiß nichts, außer dass ich dich an einem sonnigen Tag verloren habe. Du schriest in einem weißen Raum. Ich dachte an die Nachbarn, an den Skandal. Ich wollte, dass du still bist. Selbst da fand ich dich schön. Ich dachte an diejenigen, die

Bescheid wissen, und an die Distanz zwischen uns. Mit der Freude eines Liebhabers sah ich noch immer jede Falte, jedes Detail, deine Unvollkommenheiten. Ich sah dein langes Kleid und darin die Formen, die für meine Hände gemacht waren, ich sah deine flachen Sohlen, deine flehenden Augen, dieses Schmollen, das nie von deinen Lippen weicht, und mit einem Wort habe ich uns getötet. Ich weiß immer noch nicht Bescheid, nicht einmal über Reue. Die Welt ist ein riesiges Spektakel, in das du verschwindest. Ich warte nicht mehr auf dich. Wie nach einem Erdstoß fürchte ich die Nachbeben, die Folgen, die Hungersnot, die streunenden Hunde und die zerfetzten Reste des beinahe mit dir erlebten Glücks zwischen den Trümmern.

Zu Beginn der großen Feuersbrünste werden wir zumindest dies gehabt haben, das Bier, das Salz und das Halbdunkel eines barfuß durchquerten Zimmers, Nächte mit wenig Schlaf und halb geschlossenen Augen und zweiunddreißig Grad schon am frühen Morgen, die Laken, die draußen im Wind flattern, und das Blau des Meeres, unsere Streitereien und deine unheilvollen Lenden. Das sind genug Erinnerungen für zehn Romane und unser beider ganzes Leben.

Nun schreibe ich dir von dort, wo du nicht mehr bist, und wenn es mich manchmal noch schmerzt, ist es nicht mehr deine Schuld. Was bleibt uns noch, unsere Medikamente, Erinnerungen, im Telefon schlummernde Fotos, Vorwürfe und ein paar Worte wie diese alten Hellebarden in den Museen, die nicht mehr tödlich sind, der Schrott unserer Liebe, die nicht mehr verletzt? Manchmal erwache ich morgens noch mit dem Herz im Schraubstock, Stacheldraht in der Brust, das gesamte Gewicht der Welt auf einem Organ. Ich leide, umso besser, nicht alles ist in der Unschärfe der Hochgeschwindigkeitszüge und der ständigen Neujustierung des Höhenmessers verschwunden. Die Erinnerung an dich quält, was von uns bleibt, ein ganz leichter, rein chemischer Schmerz, das Antidepressivum lässt nach und beißt zum Abschied zu. Siehst du, die Moleküle sind treuer als wir. Mit der Zungenspitze koste ich von diesem Schmerz. Schon wieder verschwindest du. Dann die Tabletten, die Reisen, zu viel trinken und weiterreisen, das Leben in Zügen wieder aufnehmen, schnell, Flughäfen, dich mit Campari, Wein und Landschaften übermalen, bis nichts bleibt, die Therapeutin am Telefon, mir geht es besser, ich werde gesund, all das hat uns am Ende nicht einmal umgebracht, und dir böse zu sein, ist nur noch ein Spiel. Ich habe wieder Hunger, Lust, Leute zu sehen und nicht zu tanzen, und sogar, besonders traurig, Lust, Zeitung zu lesen, als ob die Welt existieren würde. Siehst du, das Leben fängt wieder an, außerhalb des weißen Kreises, der unser Land war. Aber unsere Kinder, unsere Sommer, alles, was wir uns anvertraut haben, die Versprechen, die Eifersucht, die wattierte Hölle dieser fünf Jahre, die in Morsezeichen hinaus in die Nacht geschickt wurden, und der Tagtraum unserer Streitereien, dein Hintern, das Meer, der Rest? Was soll damit sein? Es ist vorbei. Seien wir wenigstens stolz, verweigern wir den Frieden und diese Lächerlichkeit der Zeit, die alles glättet. Ich werde jedes Wort wie einen Nagel einschlagen und mich an dieser gegen dich gerichteten Wucht berauschen. Möge am Schluss die Schönheit einer Mordtat stehen.

Etwas in den Geschehnissen scheint das Wertvollste in uns aufzuspüren und es zu verkürzen, zu organisieren, aus der Intimität in die Sphäre des Geldes zu bringen. Die Zeit, die man uns nehmen will, damit wir Konten ausgleichen, Gläubiger befriedigen, die Märkte besänftigen und dem Ego eines Mannes schmeicheln, der sich umso gerechter fühlt, als nur er und niemand sonst Recht hat, diese Zeit ist die der Sonntage und des Regens, der Tänze und der Kneipen, der eitlen Melancholie, der traurigen Lieder, der Kinder, die in unserm Schoß einschlafen, der Händchen haltenden Paare, des dahinfließenden Wassers und der aus einem Café beobachteten Passanten, die passable Zeit, in der wir vielleicht nichts anderes zu tun haben, als zu atmen und den Geräuschen eines Gartens zu lauschen. Diese Zeit ist nicht nur die des Ruhestands oder der Freizeit. Sie ist der Moment des Aussetzens, die Zeit in der Schwebe, in der wir mit einem Mal ergriffen die Scheuklappen ablegen, uns des Vergänglichen, des Bleibenden bewusst werden, der Zeit des Präteritums, des Perfekts, des Futur II, Konjugationen der Tiefe, Flüchtigkeit und Dauerhaftigkeit, gründliche Faulheit, die jene Gedanken keimen lässt, die der Leistungsdruck ständig vertreibt und die wie kleine dunkle Stimmen sind: Hör zu, du lebst nicht ewig, du musst sofort was tun, du musst lieben, lass dich nicht deiner kurzen Dauer berauben, werde nicht zu einer Maschine, die mit dem Reichtum anderer beschäftigt ist. Lehne dich auf. Später gibt es nicht. Keine Berechnung rechtfertigt es, auf das Wesentliche zu verzichten. Setze dein Verlangen gegen den Akkord. Widersetze dich dem Willen, der dir den Rücken krümmt. Sei gewiss, dass am Ende ein Bett auf dich wartet und du allein sein wirst, wenn du deine Freuden aufzählst. Lass dich nicht vom Oger der großen Ordnung und der allgemeinen Größen überreden, auch nur eine weitere Sekunde aufzugeben, die du der freien Ausübung deiner Kräfte hättest widmen können. Gib dich nicht auf. Zu viel von deinem Leben hast du schon gegeben.

MIT FÜNFZEHN verlieben wir uns Hals über Kopf in eine Schülerin namens Séverine oder Angélique. Zwei Monate ohne Bodenkontakt. Das Mädchen füllt uns ganz aus. Dazu muss man sagen, dass wir selbst noch nicht besonders groß sind und die Liebe so eine enorme Sache. Wir zeichnen abends im Kinderzimmer für sie, nehmen Lieder im Radio auf und stellen Mixtapes zusammen, wir denken die ganze Zeit an sie, in Mathe und Deutsch gehen unsere Noten in den Keller. Das Leben hat soeben mit einer Verletzung begonnen. Noch tausendmal werden wir sie suchen, ohne es zu merken. Mit dreißig ist die Liebe ernst. Sie stellt Forderungen auf, folgt einem Programm, lässt nicht mehr viel Platz für die, die sich lieben. Man muss eine Zweizimmerwohnung suchen, für die Zukunft planen, für die Ferien sparen, den Müll runterbringen und Kompromisse eingehen, das Fernsehprogramm, deine oder meine Eltern, welche Betthälfte, und dann eines Tages dieser graue Umriss, der auf einem Bildschirm beim Gynäkologen pulsiert. Wir hätten nicht gedacht, dass wir das können, einen Menschen erfinden, sein Herz und seinen winzigen Kopf betrachten, seine Finger zählen, zwei drei vier fünf, und spüren, wie sich uns die Kehle zuschnürt. Die Leichtigkeit verlernen. Es ist etwas passiert, was wichtiger ist als wir. Wir müssen ihm unsere langen Nächte und unseren Morgenschlaf opfern, lernen, dass eine so starke Liebe immer noch ein Schmerz ist, eine unaufhörliche Angst. Und dann eines Tages mit vierzig: die Liebe finden. Sieh uns an mit unseren Augenringen, die nicht mehr verblassen, unseren ersten grauen Haaren, der Furchtlosigkeit der Liebenden. Wir kennen das Spiel. Wir machen uns keine Illusionen und sind noch immer so dumm. Wir schauen uns spät in der Nacht an und wissen, dass es ein Kampf ist, zu zweit zu sein. Wir führen ihn, du und ich, unruhig wie Tiere im Winter, ernst in der Lust, endlich in der Lage, darüber zu lachen, wer wir sind. Wir sind abgeklärt. Bald sind auch unsere Kinder fünfzehn. Wünschen wir ihnen, dass ihnen ein ebensolcher Schmerz zuteilwird und dass sie ihrerseits nicht wissen, dass eines schönen Tages das Leben endet.

Am Anfang ist alles einfach. Die große Charmeoffensive, der Genuss der ersten Male, die Stille im Restaurant, der Abdruck zerwühlter Laken auf der Haut, die gesprächigen Nächte und Ideen von Italien, Griechenland, Brüssel und, wenn es sein muss, auch Schottland. Man holt sich am Bahnhof ab. Man gönnt sich Meeresfrüchteplatten. Man muss sich eine Sprache erfinden, sich auf Farben, Begriffe einigen, lass die Tasche nicht liegen, mach die Zahnpasta zu, so solltest du nicht über deine Mutter reden. Alles ist einfach, und verlogen. Dann kommen diese Tage wie Gletscherspalten. Ein Kind, das in die Notaufnahme muss. Ein

Vater, der den Verstand verloren hat. Berufsrisiken, Konkurrenz überall, die Nächte, in denen du anderswo schläfst, andere Körper, Versäumnisse, Geburtstage, die sich nach Weltuntergang anfühlen. Alles ist schwierig, und erst da verstehe ich die Bedeutung deiner Augen. Unsere Geschichten sind keine Landpartien. Die Jahre werden voller Probleme sein, Wände, die neu tapeziert, und unsere Kinder, die auf den Weg gebracht werden müssen. Die Wahrheit lautet: Ruhe gibt es nicht. Was am Ende aber zählt, ist deine Hand, die nach meiner greift, wie früher, als wir klein waren, im Dunkeln eines Kellers, in einem Flur, dessen Licht ausging, bevor wir ihn durchqueren konnten, deine Haut, die einfach sagt: Ich bin hier.

Als Erstes sollte man den Kindern sagen, dass die Liebe ein Geduldspiel ist. Es wird alles Mögliche erzählt, und fast alle lügen. Filme natürlich und, noch schlimmer, Romane mit ihren bunten Umschlägen, ihrer freundlichen Miene, all diesen bedeutungsschweren Personalpronomen. Ich glaube nicht mehr an ihre goldenen Legenden, den ersten Blick und die Geschwindigkeit, der Zeiger immer auf Rot, das Herz bei hundert Kilometern die Stunde, das Leben mit durchgedrücktem Gaspedal. Ich glaube nicht mehr an Nervenkitzel, anfänglichen Rausch, Bauchweh und feuchte Hände. Das alles ist Folklore, willkommene Abwechslung, Tourismus halt. Was es wirklich gibt, sind Tage, die sich endlos dehnen, Zahnbürsten dicht an dicht, ein Hausschuh unterm Bett, verspätete Post, eine Einkaufsliste am Kühlschrank, offene Schultaschen, der Klempner, der uns ausnimmt, dein Vater, der nicht mehr ans Telefon geht, und im Dunkeln spät in der Nacht zwei Stimmen, die sich aneinander wärmen, man hört sie kaum, die sich einfache Dinge sagen, ohne Tiefgang, wir haben kein Brot mehr fürs Frühstück, ich gehe morgen zum Osteopathen, komm näher, ich habe kalte Füße, komm noch näher, man muss den Tod unmöglich machen und sehr alt werden, sehr langsam, den Lauf der Zeit aus deinen Augenwinkeln betrachten, die Milchzähne zählen, die Narben am Kinn, sich ganz leise sagen, weißt du, ich habe Angst, wenn du nicht da bist. Aber ich bin doch hier.

Wie jeden Sommer gibt es trotz der Masken, der Kämpfe und dem Ende der Welt noch immer junge Menschen, die sich im Verborgenen lieben. Vom Balkon aus beobachtet man sie etwas melancholisch und denkt darüber nach, was wir waren, was aus ihnen werden wird, über die kleine Welt, in der sich ihre immensen Möglichkeiten entfalten. Sie haben kein Geld, keinen Schmuck, nicht einmal ein Mofa. Nur eine Wand zum Anlehnen, ihre Kleidung, ein winziger Knoten, in dem sich Wahrheit und Verlangen gnadenlos verbinden. Als ich gestern aus dem Freibad kam, das bald abgerissen wird, sah ich auf dem Parkplatz einen Jungen und ein Mädchen miteinander sprechen. Es war noch sehr heiß, man konnte kaum glauben, dass es schon siebzehn

Uhr war. Außer ihnen war niemand auf dem Parkplatz, nur ich, die Hitze und die wartenden Autos. An dem Unbehagen und der Anspannung in ihrer Haltung, wie auf Startblöcken, sah ich sofort, dass es genau dieser Moment war. Der über deinen ganzen Sommer entscheidet. Der Junge war größer, fast rothaarig, bestimmt ein guter Schwimmer, mit breiten Schultern, flachem Bauch und einem kurzärmligen Matrosenhemd. Das Mädchen hatte naturblondes Haar, zum Bob geschnitten, fast neue rote Stan Smiths, perfekte Beine, und auf ihrem Rücken, den ihr weit ausgeschnittenes Oberteil frei ließ, hatte ihr Badeanzug präzise, blasse Linien auf ihre gebräunte Haut gezeichnet. Sie wirkten wie die Streifen eines Langstreckenfliegers auf einem Himmel aus Karamell. Ich ging zu meinem Auto. Sie bemerkten mich nicht. Es war ihr Moment. Eine Sekunde später küssten sie sich. Ein Kuss, offensichtlich ihr erster, der August war in vollem Gange, die Hände auf der Suche nach Haaren, die Augen geschlossen, sie auf Zehenspitzen. Ich stieg in mein heißes Auto. Auf dem Armaturenbrett zeigte das digitale Display fünfunddreißig Grad. Die neue Welt würde eine der Stürme sein, der ins Meer gestürzten Völker und der endlosen Hitzewellen. Mit einer Hand hinter der Kopfstütze des Beifahrersitzes parkte ich aus. Der Junge und das Mädchen küssten sich noch immer. Morgen würde das Leben weitergehen. Nur sie hatten die Macht, sich überhaupt nicht darum zu scheren.

Manchmal sieht man am Samstagabend ein junges Mädchen auf hohen Absätzen in den Regionalzug steigen. Sie trägt ein Kleid, Glitter auf den Wangen und Augenlider in den Farben der Nacht. Manchmal sind es auch mehrere, Mädchen vom Dorf, die in kaum existierenden Bahnhöfen auf Züge warten, ungeduldig Kaugummi kauen, laut sprechen, Kopfhörer in den Ohren, eine Jeansjacke, ein Dekolleté oder nackte Schultern, die Augen ans Smartphone geheftet, wo sie unaufhörlich endlose Nachrichten tippen. Sie sind sechzehn, vielleicht achtzehn. Sie fahren in die nächste Stadt, die große, die gar nicht so groß ist, um etwas zu erleben, zu feiern, den Puls der ihnen zugedachten Welt zu spüren, voller Lust und Ekel, für die Zukunft, die Jungs, den Alkohol und diese Musik, zu der sie gleich tanzen werden, mit erhobenen Armen und geschlossenen Augen. Ihre Münder sind rot, voller Flüche und Zartheit. Da sind sie mit ihren winzigen Handtaschen und ihren Träumen von Kalifornien, die gleich bei irgendeinem Papagayo stranden werden. Die Jungs in ihrem Alter fahren nicht mit dem Zug. Sie bleiben in den Bushaltestellen, am Rathaus, im Jugendclub, mit Roller und halbem Oberlippenbart, brutal und polternd wie die Kinder, die sie noch sind. Aber die Mädchen! Man sieht sie manchmal samstagnachts in voller Pracht, atemberaubend und unermüdlich, wie sie einfordern, was ihnen zusteht, auf den Pflasterstraßen, in den Clubs, den Bars, ihr Hunger nach Neon und Lärm, ihre Wimpern, die den Abend zerlegen, und ihre Beine, Befehle in der klaren Mitternachtskälte. Sie sind dann nicht mehr

Nummern, nicht mehr das Kind von irgendwem. Sie sind in Bewegung, wie die Menge und das Meer, wie der Krieg. Es genügt zu beobachten, wie das Fieber sie packt, wie sie gespannt wie Bögen sitzen, in diesen Zügen, die langsam durch die Landschaft fahren. Sie haben Lachanfälle, die ihre Sitznachbarn nerven. Sie tragen Düfte, die ihnen den Weg bahnen. Sie haben eine Verabredung mit einem Leben, das ihnen alles schuldig ist.

Als er aus dem Baumarkt kam, hatte er dieses Mädchen gesehen, das eine große Tüte in den Armen trug, Kies oder Holzkohle, ihr hochgestecktes Haar, die flachen Schuhe, der in Denim gegossene Hintern. Ihre animalische Gleichgültigkeit in der Sonne, wie sie zu sagen schien, ich habe mein Leben, das geht euch nichts an, auf mich wartet ein Grillabend, ich werde Würstchen essen und Rosé trinken, Kinder werden da sein, Gelächter, und nirgendwo anders möchte ich sein, all das steckte in ihrem Gang und im Schwung ihrer Hüften, in einer gewissen Steifheit im Nacken und der unverhandelbar gezogenen Grenze ihrer Sonnenbrille. Er fragte sich, wohin diese Frauen aus den Läden gingen, die für die Glücksmomente des Tages sorgen. Ihre eifrige Schönheit, ihre entschiedene Lust, zu leben, ließen ihn immer ein wenig nachdenklich werden. Wer war es wohl, der abends mit ihr das Bett teilte?

An diesem Morgen zwischen Colonel Fabien und Barbès sahen die Métro-Züge aus wie eine schöne Wohnung, die zu allen Seiten offen ist, voll von diesem grünen Acht-Uhr-Licht, wenn Paris noch feucht ist und fast leer. Blumenprints und Sandaletten, eine Frau las im Stehen das dicke Buch, in dem Yuval Noah Harari so tut, als hätte er alles verstanden. Gedämpfte Kopfhörermusik, ein Matrosenhemd, ein Mann rauchte auf seinem Balkon zum Kaffee eine Zigarette, und natürlich Pferdeschwänze. Die geduldig Reisenden wagten zeitweise sogar einen Blick über ihr Handy. Die Sonne kribbelte ihnen in der Nase, und sie waren wie ein im Schlaf gestörtes Kind. Ein düsterer, sehr frommer Mann trug ein noch dunkleres Zeichen auf der Stirn. Die Röcke waren vielleicht nicht ganz so kurz wie im letzten Jahr, aber es reichte aus. Die Stunde war so mild, dass man nur an Sempé denken konnte. Die Stadt hätte am Meer liegen können. Und man empfand mit einem Lächeln auf den Lippen, dass selbst die Fête de la musique diesem ersten Sommertag nicht ebenbürtig war.

Per DM flüstert man mir, dass Liebende bisweilen ihre Bürgerpflichten vergessen, dass das Herz seine Gründe hat und es auf der Welt nicht genug Ordnungshüter gibt, um sich ihrer Dringlichkeit in den Weg zu stellen. Man sagt mir, dass sie den Abstandsregeln trotzen, den Ausgangssperren, dass ihnen Ansteckungsraten und der Infektionsindex egal sind. Sie sind unbeirrbar. Mit der Gesellschaft unterhalten sie nur noch entfernte, höfliche, ausweichende Beziehungen. Sie fühlen sich zu nichts verpflichtet. Kaum erkennen sie die Möglichkeit eines Treffens, schon sind sie bereit, heimlich abzuhauen, zu lügen und sich zu verstecken. In ihrer auf eine Person reduzierten Welt ist die Doppelzüngigkeit ein perfekter Universalschlüssel. Ich stelle mir diese Betrüger vor, mit ihren Vorwänden und Einfällen, wie sie sich ducken, mit pochendem Herzen durch die Nacht, ein Treppenhaus, ein Baum zum Anlehnen, eine Toreinfahrt, unter einer Treppe, ein Zimmer unterm Dach, überall, plötzlich sind sie zu zweit, sie vermischen ihre Gerüche, stoßen sich an Stirn und Zähnen, Fingerabdrücke entlang der Wirbelsäule, öffne dich bitte, um deren Gesetz scheren wir uns nicht, ich gehöre dir, komm, eine Hand auf den Mund, der Geschmack des Speichels, es gibt kein Morgen, was draußen ist, ist Fiktion, sie genügen einander, das ist ihre Größe und ihre Grenze. In unseren besetzten Städten sind sie erstaunliche Schmuggler, diese Liebenden, die sich wider die Regel suchen und anderen die Scham überlassen, den Skrupel denen, die dazu fähig sind. Denn sie haben Hunger, einen zum Umfallen leeren Bauch, und nur eine Nahrung, um satt zu werden: den anderen, dem sie gleich, wenn das Land auf seinen Balkonen applaudieren wird, begegnen werden, seinem Geschlecht, seinen Augen, seinem Mund, die dann das ganze Universum sind.

Man stelle sich den Schmerz heimlicher Paare vor, die sich unerkannt lieben, hinter dem Rücken eines Mannes oder einer Frau, die nicht mehr genügen. Für sie war der Lockdown die Totenglocke ihrer Romanzen zwischen fünf und sieben, der Hotelzimmer am Nachmittag, der hastigen Parkplatzbegegnungen, der zerknitterten Unterwäsche in der Hosentasche, der Zähne an einer Brust in der Dunkelheit. Sie werden unter ehelichen Hausarrest gestellt. Die Stadt trennt sie wie nie zuvor. Für die Untreuen fährt kein TGV mehr. Die Welt hat zwischen ihnen Mauern aus Vorschriften errichtet, und auf den Formularen steht kein Feld für ihre heimlichen Ausgänge, keine abweichende Regelung für ihre illegalen Küsse. Sie rufen sich vielleicht heimlich an, wir erahnen ihre zu schnell getippten Textnachrichten unter dem Vorwand einer Zigarette im Garten oder vorm Haus. Ich vermisse dich ich brauche deine haut deinen arsch morgen hoffentlich wieder wir hoffentlich. Am Abend, wenn ich zu den beleuchteten Fenstern auf der Straße aufschaue, erahne ich diese kleinen Dramen. In diesem Haus liegt eine Frau im Bett und denkt an Männerhände auf ihren Hüften. Auf dieser Etage leidet ein Mann darunter, den verbannten Körper nicht an sich drücken zu können. Zu Tisch gibt er sich stabil. Tagsüber sorgt er für die Beschulung der Kinder, sagt in Videokonferenzen, die ihm egal sind, englische Wörter zu Menschen, die ihm nichts bedeuten. Er lächelt seine Frau an, und sein Herz wird eng. Die andere ist dort, sie wird heute Abend bei ihrem Mann schlafen, der sie riechen und vielleicht sogar lieben kann. Die Liebenden sind dem Leben in die Falle gegangen. Am Ende aber, das werden wir sehen, wenn die Schlösser aufspringen, dann werden sie sich lieben, bis sie blaue Flecken bekommen, und das Land wird voller Wiedersehensfreude sein, Frankreich wird wie ein großes Rebholzfeuer knistern, hinter den Vorhängen der kleinen Hotels Champagner und Schluchzen, zerkratzte Rücken, zerwühlte Bettwäsche und diese so alten Worte: Ich habe dich so sehr vermisst.

Du schläfst bei dreihundert Stundenkilometern zwischen Nantes und Paris, ohne Vornamen oder Stimme. Die Hände zum Wärmen zwischen den Oberschenkeln, die Wange auf der Schulter, dein Kopf so schwer wie der eines Kindes, so beendest du die Nacht, die montags immer kürzer ist. In Montparnasse wirst du gleich deine Haare richten, bevor du im Portemonnaie nach einem Métro-Ticket suchst. Du wirst dich in die Hektik der Stadt stürzen, ihren Lieferkettenrhythmus, schnell wirst du wieder deinen Platz einnehmen, Atom zwischen Atomen, deine Epoche macht dir keine Angst. Um dich herum werden sich tausende Gleichgesinnte ihren Weg unter der Erde bahnen, ein Auge auf die blaue Sonne ihres Bildschirms gerichtet, Kopfhörer in den Ohren, fünf Tage hintereinander, das Wochenende zum Durchhalten und die rationale Hoffnung auf einen Urlaub am Meer. Du wirst loslegen mit deinem Ordner, deiner Handtasche, deinen schulmädchenhaften Lackschuhen. Du wirst dich abfinden mit der Welt, in der du dich wohlfühlst. Unsichtbar und glücklich werde ich dich gehen sehen. Ich werde dich in deinem Innersten gesehen haben, deinem Schlaf, deinem Gesicht ohne jede Berechnung, mit deinem zwanzigjährigen Schmollmund. Ich werde dich gesehen haben, und du wirst nichts davon wissen.

Dieses Leben hatte sie nicht gewollt. Und das war im Grunde gar nicht so wichtig. Da, wo sie herkam, gingen sie fast alle so durch die Welt, vom Kindergarten bis zum Abitur, Job, Hochzeit, zwei Kinder, Ferien, Wocheneinkauf am Samstag, zu den Schwiegereltern am Sonntag. Mit etwas Glück baute man sich, wenn die Bank einverstanden war, ein kleines Haus etwas weiter draußen. Noch ein Kredit. Da waren schon die beiden Autos, der Roller des Großen, der damit seine fünfundzwanzig Kilometer zur Berufsschule fuhr, und dann der Verbraucherkredit, weil Waschmaschinen immer zur gleichen Zeit wie die Heizung kaputtgingen, so wollte es das Gesetz. Im Grunde hatte sich dieses Leben rasant abgespult, anstrengend und schön, ständig unter Zwängen, immer knapp bei Kasse, aber Sparsamkeit steht dem Glück nicht im Weg. Natürlich konnten die Männer ganz schön nerven, der Ehemann schnarcht und meckert, das Gegrapsche, Chefs, die ihr ins Wort fallen, Kinder, die ab fünfzehn schreckliche Rüpel werden, auf die man nachts im Bett mit weit geöffneten Augen wartet, weil sie irgendwo abhängen, Joints rauchen und sich Wodka-Redbulls reinziehen. Das war aber im Grunde ihr Leben. Sie hatte ihren Teil abbekommen, Knutschen hinter der Schule, eine hinabgleitende Unterhose, der Kleine, der die Zahnpasta aufisst, statt sich die Zähne zu putzen, ihre Lieblingsserie auf France 3, Freundinnen fürs Shoppen, nicht oft, aber immerhin. Und dann, an diesem Kreisverkehr, neben anderen Gelbwesten, war es passiert: Sie hatte etwas anderes erlebt. Ein Riss im gleichmäßigen Gewebe der Tage. Und plötzlich war es verschwunden, dieses Gefühl, immer Pech zu haben, diese schwere Hand auf ihrem Nacken, wie weggeblasen die Resignation, die ihr selbstverständlich gewesen war. Seitdem konnte sie tun, was sie wollte, dieses Kinogefühl ließ sie nicht mehr los. Sollte man sie und ihresgleichen ruhig beschimpfen, als Faschos, Ignoranten, Arschlöcher, na und? Niemals könnte eine Beleidigung diesem auferstandenen Leben etwas anhaben. Niemals würden ihr irgendwelche Sonntagsreden diese Erkenntnis nehmen: Sie gehörte sich selbst. Jetzt war sie müde, niedergeschlagen, sie hatte Angst. Der Wind drehte sich. Aber sie bereute nichts.

Sie zog es vor, ihn im Hotel zu treffen. Dort musste sie sich nicht um Bettwäsche oder Nachbarn kümmern. Und ohne genau zu wissen, warum, liebte sie diese in die Jahre gekommenen Dekorationen und die kleinen Duschgelflaschen im Badezimmer, die neutralen Teppiche und Wandfernseher, die Messingkette an der Tür, den kleinen Begrüßungszettel neben dem Mineralwasser. In ihren Augen waren diese austauschbaren Zimmer nicht anonym. Im Gegenteil, sie fand dort ihr wahres Territorium, das ihrer Freiheit, wo sie schreien und bis zur Migräne rauchen konnte. Dennoch ging sie immer als Erste. Sobald sie allein zurückbliebe, hätte diese Oase ihren Zweck verloren. Dann würde sie ihr das ganze Drama ihres Doppellebens spiegeln. Im Grunde war das Glück eine Frage des passenden Moments.

Nach all den Jahren der Pflichterfüllung, für ihren Mann, ihre Kinder, für die Karriere, für das Glück, nach dieser enormen Anstrengung, im Leben Erfolg zu haben, kehrte sie mit einer gewissen Belustigung zum schmerzhaften Vergnügen zurück, auf ein Zeichen zu warten. Sie stellte nebenbei fest, dass sich die Welt sehr verändert hatte. Man sehnte sich nicht mehr nach einem Anruf. Man suchte nicht mehr nach dem Duft auf einer Postkarte. Alles geschah nun im Chaos der sozialen Netze. Man musste den anderen in einem Facebook-Post erahnen, an einen Hashtag glauben. Plötzlich spielte ihr Herz verrückt, wenn sie einen zweideutigen Tweet las. Sie verschwendete ihre Zeit, schloss sich mit ihrem Telefon auf der Toilette ein und durchlebte die fieberhafte Zeit der heutigen Verliebtheit. Es war lächerlich und wunderbar. Sie hatte Spaß.

Irgendwann wird alles leicht und ernst. Und du weißt, dass du zwanzig Jahre später immer noch die Erinnerung an diesen Frühlingsnachmittag in dir tragen wirst, an dem nichts Besonderes passiert ist, da war nur der bedeckte Himmel, das nahende Gewitter, das Risiko des Liebens, die Rückfahrt im Auto bei strömendem Regen und deine Hände am Lenkrad, zu Fäusten geballt wie bereit zum Kampf.

Er betrachtete ihren Rücken, ihren Nacken, die Haare, die nachlässig mit einem Farbstift hochgesteckt waren. Die Geschichte von den Frauen und ihrer Schwäche war eine Lüge. Diese Architektur war zu allem fähig. Kinder halten und sich verbiegen, zu einem Fluss oder einer Brücke werden, sich über eine Maschine oder unter eine Lampe beugen, Liebkosungen, Schläge, Wut oder Schweiß von einem Mann ertragen. Unter der Haut regten sich einwandfreie Muskeln und Knochen. Die Zierlichkeit war eine Chamäleonslist. Sie war stark, ungebrochen in ihrem Verlangen und ihrer Hartnäckigkeit, und die beiden Grübchen am unteren Rücken lauerten auf ihn wie die starren Augen eines Lasttiers. Also beugte er sich vor, um hineinzubeißen.

Nachdem er sie lange angeschaut hatte, fragte er sie, was sie traurig mache. Sie lächelte. Sie war nicht traurig, im Gegenteil, und sie streckte sich wie eine große Katze im zerwühlten Bett, die Zehenspitzen gestreckt, die Arme ausgebreitet, das lange Haar durcheinander von der Hitze und der Liebe. So ging es immer weiter, jedes Mal besser und schlechter. Von Traurigkeit war zwischen ihnen keine Rede. Die Tage vergingen rasant. Sie sahen sich eine Stunde lang und kehrten dann mit zufriedenen Leibern, zerzausten Ideen, Schmerzen und ein wenig guter Müdigkeit unter den Augen zu ihren Angelegenheiten zurück. Ein Platz in ihren Köpfen war ständig von dieser schönen Sorge um den anderen besetzt.

Ein paar Tage später fand er im Koffer ein Kleidungsstück, das ihm nicht gehörte. Es war ein winziges Stück Damenkleidung, schlicht und schwarz. Ein viel zu langes H&M-Label ragte heraus. Er führte es an seine Nase und erkannte den vertrauten Geruch des fehlenden Körpers. Ein Geruch, der Formen, einige Stunden, eine Stadt und Jahreszeiten enthielt, ein launischer und komplizierter Geruch, der Gewohnheiten und Hitze verriet. Er betrachtete das erbärmliche Stück Stoff aus Asien, das sein ganzer Reichtum war. Ein Souvenir, industrielle Massenware, wie ein Polaroid, ein Zinnsoldat, eine Haarspange. Er hoffte, dass sie es absichtlich, aus Bosheit und Zärtlichkeit, bei ihm gelassen hatte. Seine Kehle schnürte sich zu, und er erkannte das genaue Ausmaß ihrer Abwesenheit. Ein Europa und der Ozean.

Jedes Mal war er überrascht, an diesen natürlichen, mechanischen, immer neuen Bewegungen teilhaben zu können, die den Raum wie eine Signatur füllten. Sie ging ins Badezimmer, wusch sich vorgebeugt. Sie umfasste ihre Haare, zog sie nach hinten, ein Gummiband zwischen den Zähnen. Schlängelte sich aus der Jeans. Ging auf Zehenspitzen aus dem Bad. Näherte ihr Gesicht dem Spiegel und einem Finger, schaffte Ordnung, blickte prüfend auf ihre Wange, glättete die Augenbraue. Das war die Wahrheit ihres Körpers. Tausend Bewegungen, die andere nicht sahen. Die sie der Nacht vorbehielt. Nur er hatte ein Anrecht auf diese Abwesenheit jeder Scham. Er sagte nichts. Ein Wort hätte ihm vielleicht seinen Backstagepass entzogen, die stille Gabe ihrer Kehrseite.

In ihrer Welt ohne Regeln, ohne Gewohnheit, ohne Ausweg war das Warten ein Fixpunkt. Er sagte, morgen werde ich auf dich warten. Und sie konnte es glauben. Sie schickte ihm eine Nachricht, warte, ich komme, und sein Raum, seine Zeit, seine Leere nahmen Gestalt an, er hoffte. Geduld war ihre neue Tugend. Das Ticken der Uhr ihr stumpfsinniges Lied. Sie konjugierten jedes Verb im Futur. Morgen wirst du hier sein.

Sie kam zur geheimen Stunde am vereinbarten Tag. Dann musste man sie aus dem Unbehagen herausschälen, aus dem Unausgesprochenen, dem ganzen Leben von draußen, das ihr in den Kleidern hing, aus den ständigen Sorgen. Dabei half der Wein, sie rauchte, und allmählich verschwand diese ungewollte Zurückhaltung. Das Abenteuer, das jeder von ihnen dann beginnen konnte. Es ist spät, eine Frau kehrt ihm den Rücken, stützt sich auf den Balkon. Unten strahlt der Fernseher der Nachbarn sein blaues Licht ab. Ein Parkplatz, drei Straßenlaternen, Katzen, Autos, und seit Donnerstag ist Ramadan. In diesem Moment sind unsere Hände geschickt wie die von Taschendieben. Komm, die Zeit drängt. Gleich, im Bett, muss alles von vorn losgehen, Stille und dann Lärm. Beeil dich, morgen ist alles wieder wie vorher, dein Fehlen, meine Wut und die Hochzeit von Prinz Harry.

Die Fassaden kamen ihnen nicht mehr monoton vor, die Menschen waren eine Kulisse, und unter der Last ihrer seltenen Treffen bog sich ihr voller Terminkalender. Alles war gut, ja. Je länger diese Geschichte reifte, umso stärker wurde der Zitrusgeschmack. In die Süße mischte sich eine andere Note, ein Vorgeschmack, eine Art zweideutige Vorahnung. Sie wagten nicht, es sich zu sagen, aber es war eine vorauseilende Bitterkeit, ein Versprechen der Unlust. Und je mehr sie sich liebten, desto schmerzhafter wurde es für sie, an das Ende zu denken. In einem Monat wäre es so weit, zu den Ferien, oder später, zu Beginn des Schuljahres, im nächsten Jahr oder in zwei Jahren. Wie auch immer, es würde so kommen. Dann wären sie nicht traurig. Sie würden diesen Kummer einfach ohne Bedauern ertragen, dieses Gefühl vergangener Zeiten, das den schönen Namen Melancholie trägt. Sie übte sich schon im Voraus darin. Sie waren glücklich gewesen wie Verbrecher.

Heute Abend werde ich du sagen, weil ich mich vielleicht nur so an jeden Einzelnen wenden kann, statt an alle. Du sitzt vor deinem Bildschirm, und ich kenne dich nicht. Doch ich kann nicht anders, ich muss mir deine Existenz vorstellen. Du hast Kinder, vielleicht zwei, oder du hast keine. Jedenfalls ist es spät, und du bist müde. Heute bist du zur Arbeit gegangen, du hast deine Pflichten erfüllt, du hattest deinen Spaß und deine Zwänge. Oder du hast die Kleinen zu ihren Aktivitäten gebracht, du bist zwischen Tanzstunden und Tennis, zwischen Klavierunterricht und Töpfern gependelt. Vielleicht hast du gar nichts getan, nur die Sekunden gezählt und gewartet auf das, was nicht mehr geschieht. Vielleicht bist du allein zu Hause oder möchtest es sein. Oder jemand ist ganz in der Nähe, jemand, den du so gut kennst, dass du dich nicht einmal mehr anstrengst, ihn zu lieben. Dein Wohnzimmer ist nur schwach beleuchtet, um den Fernseher nicht zu stören. Du denkst an morgen, den zu frühen Wecker, du denkst an deinen nächsten Urlaub, an den Buchladen, dem du einen Besuch abstatten wirst, an die Mahlzeiten, die du zubereiten musst, an einen Kollegen, der dir ins Auge gefallen ist, an deinen Vater, der nicht mehr da ist, du denkst an dein Bett und die Prüfungen der Großen, an die Hausaufgaben der Kleinen, an deine Diät, an dein Herz, an deinen Konto-

stand, du denkst, das Leben ist kein Roman. Heute Abend hast du uns zugehört, wie wir immer wieder dieselben Geschichten vom Aufbegehren gegen das Schicksal und von der Wut gegen die Ordnung der Dinge erzählten. Ich kann dir kein Fazit, kein Spezialwissen mit auf den Weg geben. Ich bin wie du. Ich habe nur diese armselige Wahrheit im Köcher, die ich mir immer wieder selbst erzähle. Verschwende nicht deine Zeit. Verkaufe deine Kraft nicht unter Wert. Glaube nicht an Sätze wie »So ist das nun mal« oder »Da kann man nichts machen«. Gib deinen Schlaf nicht denen, die ihn zu Gold machen. Erlaube dir so viel Raum wie möglich für die Freude. Hör mir zu. Du hast nur ein Leben: Schütze es.

NIEMAND KANN sich seiner Zeit entziehen. Wie die anderen haben wir unsere Zwänge, unser Elend, unsere Patchworkfamilien, die Kinder, die ihren Karateanzug und ihre Klarinette von einem Haus zum anderen schleppen, die ihre Hausaufgaben in einem Raum mit oder ohne Kücheninsel machen, die ein Bett in Städten haben, die einander nicht kennen, und zwei Weihnachten und drei Geburtstage feiern. Sieh sie dir an, unsere kleinen Reisenden, zwangsweise angepasst, überall glücklich, die sich an jeder Station ein neues Nest bauen, die das Zuhause der Welt sind, sieh ihre Flügel an, die uns jede Woche ein anderes Dach aus nichts bereiten, zwei Rufe und ein Kätzchen. Wir sind vierzig und bald noch schlimmer, und in diesem großen Umbruch der Lebensmitte haben wir alles erneuert, die Tapeten und unsere Darlehen, neue Schlafanzüge gekauft, den Sommer aufgeteilt, die Vergangenheit und die Kalender. Auch wir haben die Spaltungen kennengelernt, die alles vermehren, Großeltern, Geschenke und Urlaube, die kleine Brüder, große Schwestern dazuerfinden, die den großen Kummer, die Zimmer und das Gelächter in den oberen Stockwerken verdoppeln, das Flüstern in der Nacht, wenn auch sehr spät noch nicht geschlafen wird. Nach den Blitzen und Erschütterungen sind wir wie so viele andere in diese neuen Sonntage eingezogen, haben diese Fahrten eingeführt, die es gestern noch nicht gab, du gibst die Kleinen ab, willst du einen Kaffee, nein, ich habe nur Zeit für eine Zigarette, alles in Ordnung? Ja, aber vergiss nicht den Termin beim Logopäden, und bringst du die Badeklamotten für die Kinder mit, setz dich doch zwei Minuten, wir sind nicht auf der Flucht. Ja, ich werde ein Bier aus diesem Kühlschrank nehmen, der mir nicht mehr gehört, dich ansehen, und morgen werden wir zwanzig beim Raclette oder an Silvester sein, mit dem Netz der gekreuzten Erinnerungen, der Liebe in Neuauflage, dieser phänomenalen Ausdehnung unseres Lebens ausgeliefert, die Narben gut verborgen und das Herz schwer von den vielen Ablegern des Glücks, und alles wächst und wächst, unsere Arme wie wuchernder Efeu, die unendliche Vegetation unserer Beziehungen und das Gewimmel unserer Familien, die sich freiwillig beerben. Ja, wir gehören zu unserer Zeit, aufgeschmissen, aber stets zur Stelle, trotz Schlafstörungen, Ukrainekrieg und überzogenem Dispo. Und zum Schluss wird alles unter dem Druck unserer Kinder nachgeben. Wir werden dann sehr müde und sicherlich stolz sein und nichts mehr von ihren Gepflogenheiten verstehen. Sie werden es dann so machen wie wir, so gut sie können, gegen die feindliche Welt und Hand in Hand. Wir sind dann vielleicht ihre Zeugen, versöhnt, wer weiß, und am Ende so langsam, dass wir vergessen, uns zu verletzen. Hör zu. Ich höre über unseren Köpfen schon ein Kind krabbeln, das leben wird, wenn wir nicht mehr sind. Es kommt, das ist gut, wir haben es geschafft.

Er blieb lieber im Bett und las die alten Taschenbücher, die alle Umzüge überlebt hatten. Und in diesem Bett drang per Textnachricht der Widerhall ferner Glücksmomente zu ihm. Die Menschen waren gut im Kompensieren. Besuche im Schwimmbad standen Wochen im Büro gegenüber. Das Lachen auf der Terrasse vergalt die Vergänglichkeit. Kinderspiele ließen die bereits verlorenen Schlachten für ein paar Stunden vergessen. Man war geschäftig, trank Gin, erlaubte sich Seitensprünge. Diese unaufhörliche Flickschusterei barg auch einen gewissen Heroismus. Er stand im Schlafanzug auf und trank noch einen Kaffee. Am Urlaub der anderen schien alles so selbstverständlich. Er versuchte, wieder in die Lektüre einzutauchen. Der vertraute Geruch von vergilbtem Papier stimmte ihn traurig.

Manchmal packte ihn der Abend wie ein Fangnetz, und er konnte nichts mehr tun, als seine zu kurzen Nägel zu betrachten, den Umschlag des Romans von Marcel Aymé auf dem Bett, die vorbeiziehenden Lichter in der Ferne, die gefangenen Autos, eine geschäftige Stadt. Seufzend wurde die Wirklichkeit wieder zu einem nackten Körper ohne Geheimnisse, es gab keine Mädchen oder Cafés mehr, in die man sich retten, keinen einzigen Mund, in den man sich verbeißen konnte, nicht den geringsten Zusammenstoß. Das Leben verging ohne Deckung, roh, schnell, mit dem Weckerticken, dem gehetzten Schritt, der eine Spur im Laub und eine Falte um die Augen hinterlässt. Durch das

Fenster suchte er auf einem Werbeplakat nach etwas Licht. Manchmal reicht eine Farbe. Dieses Blau zum Beispiel, das des Himmels, und der Geruch von Kaffee. Die Nase setzt sich am Ende immer durch, eine Mandarinenschale, die Seife zwischen seinen Fingern, das nasse Haar des kleinen Jungen, der auf seinem Kissen vor sich hin glüht, der Schweiß, der sagt, bleib hier.

Wo waren die kontinentalen Sommer seiner Kindheit, durch die er mit seinen Freunden geradelt war, von der Stille bis zum Abend, immer in der Hoffnung auf einen ersten Kuss? Wo war der Sommer mit fünfzehn Jahren und sein spezielles Brennen, eine Hand in einer anderen Hand, der Geruch von Weed und Holzkohle, die Angst, zu spät nach Hause zu kommen? Und der griechische Sommer mit ihr, barfuß, das Klirren der Eiswürfel im Dunkeln, das endlose Glück des Mittagsschlafs im hinteren Zimmer und der satte, volle Bauch? Wo war diese begehrenswerte Zeit und die Möglichkeit, da zu sein?

Eine Handvoll Momente reichte für sein Leben. Ein BH oder ein aufgeschlagenes Buch, eine Kinovorstellung am Nachmittag, ein erstes Glas und dieses Überangebot an Zärtlichkeit jeden Abend, wenn er das Kind ins Bett brachte: mehr als das Meer, mehr als die Zahlen, unendlich mal unendlich. Der gute Brotduft, der von diesem kleinen, auf seinem Herzen liegenden Kopf aufstieg, während er Geschichten von Wölfen und Füchsen vorlas. Die ganze Kindheit über stellt man sich vor, dass Erwachsene wissen, was sie tun. Jeden Tag gehen sie zur Arbeit, haben Karrieren, tun so, als ob, jeder an seinem festen Platz, suchen sich einen Joghurt oder ein Auto aus, kommen platt von der Arbeit nach Hause, kümmern sich um dich, und alles fängt wieder von vorne an. Sie können Straßenkarten lesen, Tomaten anbauen und sich manchmal sogar lange lieben. Eigentlich, sage ich dir, weiß niemand etwas. Wir weisen alle, so gut wir können, das Desaster in die Schranken, das Desaster der Zeit, der anderen, unserer Ohnmacht, des großen Kummers, wenn der Federball beim Nachbarn gelandet ist. Und an einem Sonntag, der wärmer und öder ist als die anderen, tun wir wieder, was wir können. Von da an werden die Tage länger, die Anrufe seltener, und ich stelle mir dich in deiner neuen Schule vor, mit den Freunden, die du dort haben wirst, die Straße, über die du läufst, deinen heißen Nacken im Bett, spät in der Nacht, den Geruch deiner Haare, die du nie waschen willst, weil es in den Augen brennt. Erwachsene tun, was sie können, und heute kann ich nicht viel machen, weißt du, außer die große Leere in deinem Zimmer zu betrachten und auf dich zu warten. Ich warte auf dich für den Rest meines Lebens.

Ich erinnere mich an die Nachmittage nach der Bibliothek, wenn ich nach Hause kam, die Tasche voll mit Comics und Taschenbüchern, wie mein Zimmer zu einem Schiff wurde, einer Prärie oder einer Wüste. Ich schaue dich an und beneide dich um deine Ernsthaftigkeit, die Welten, die in deinem Kopf entstehen und verschwinden, diese gemütliche Ruhe, in der du deine Geschichten aufklappst, die wahrer sind als das Leben draußen. Da bist du, im Schutz des Novembers, so fern von uns, und der Nebel verschwindet, die Blätter fallen unbemerkt, das Haus ist ein ferner Traum. Gleich nimmst du ein Schwert, um die stillen Abenteuer deiner Bücher nachzustellen. Du wirst alle Rollen selbst spielen. Diese leise Stimme hinter der Tür kenne ich. Und die Verfolgungsjagden in Hausschuhen auf dem Parkett. Dinge werden zu Boden fallen, das ist nicht wichtig. Ich schaue dich an, ein kleiner Junge, so flüchtig, so perfekt. An diese Zeiten wirst du dich eines Tages erinnern müssen. Schau, ich helfe dir, ich schreibe mit. Ich mache uns eine Erinnerung. Ich speichere dich für später.

Gestern bist du mit ihm in dieses hässliche Cowboy-Restaurant gegangen, von dem ihm seine Freunde im Ferienlager erzählt hatten. Er bestellte den Chicken Mix und du ein Steak mit grünen Bohnen. Du achtest auf den glykämischen Index. Du willst langsam altern und die Vorzeichen des Todes austricksen. Falten, Haarausfall, Übergewicht, Schlaflosigkeit. Als der Junge die Bohnen sah, wurde er unruhig. Er trug seinen Sheriff-Hut, ein Spiderman-Shirt. Er war ganz braungebrannt. Du hast ihn beruhigt. Das Gemüse sei für dich, er habe nichts zu befürchten. Heute ist er fünfeinhalb. Du erinnerst dich an die Klinik Saint-Mandé, an die immense Müdigkeit am Anfang, an einen Whisky um drei Uhr nachts, nachdem du dieses tyrannische Baby gewickelt hattest, das nichts dafür kann. Du sahst auf die ausgestorbene Stadt. Nebenan schlief ein sauberes Baby. Und du hattest dir diese harten Fragen gestellt. Werde ich durchhalten? Schaffe ich das? Du hast so lange so wenig und so schlecht geschlafen. Der Whisky hatte diesen guten erdigen Duft, gelblich, eine Härte, die die Tränen verdrängt. Gestern hast du ihm im Buffalo Grill beim Ausmalen zugesehen und beim Essen seiner Wings, den Hut auf dem Kopf. Er ist groß, er wächst jeden Tag ein bisschen. Und jeden Tag wird er schöner. Alles um dich herum wurde zerstört, nur er nicht, der jeden Tag schöner wird, schlauer, geschaffen für die Freude. Du schaust ihn an, und dein Blick ist unersättlich. Du wirst dich nie an seiner winzigen Nase sattsehen, an seinem glatten gedrechselten Körper, seinem Sonnenhaar. Alles wurde zerstört, nur nicht dieses winzige, mickrige Geschöpf. Von Anfang an war er der Stärkste. Und dann fällt sein Luftballon vom Stuhl, rollt auf den Boden. Er beeilt sich, und der Ballon platzt, er hinterlässt nur grüne Schnipsel, Plastikfetzen. Sofort wird er von einem absoluten Kummer gepackt, der die Brust erschüttert und das Gesicht verzerrt. Er weint und sammelt die grünen Fetzen auf. Du sagst ihm, dass er einen anderen

Ballon haben kann. Aber er umklammert die Fetzen seines toten Ballons, es ist ihm plötzlich klar, er ist untröstlich, dieser Ballon, den er liebte, wird nie wieder sein. Du nimmst ihn in den Arm und hasst die Vergänglichkeit und sein Nevermore. Du hasst den Buffalo und die Welt da draußen. Du hasst dieses Leben, das auch die Söhne nicht verschont.

Ein weiterer Tag, an dem nichts zu tun ist, als die Klage der Welt zu hören, die sich vor unseren Augen zu einem großen Seufzer verdichtet. Ein weiterer Tag für nichts. Gestern hast du getrunken, und heute Morgen tut es weh. Gute Vorsätze halten in diesem Moment der ewigen Wiederkehr nicht lange. Die Nachrichten waren nicht gut, der Wein zur Hand. Ein weiterer Tag, an dem die Welt auf dem Computer untergeht. Draußen schien die Sonne hell, der Kirschbaum mit seinen weißen Blüten, darunter ein Liegestuhl. Dein Sohn hat Spielzeug auf dem Boden liegengelassen, einen offenen Comic auf seinem Bett, Kleidung auf der kleinen Bank, du rührst nichts an. Heute tut das Chaos gut. Du wirst später mit ihm schimpfen, der Form halber, es ist ihm egal und dir auch. In der Zwischenzeit hast du seine zurückgelassenen Spuren genutzt und im Kissen nach seinem Geruch gesucht.

In diesem alten Haus auf dem Land gab es Spinnen und Bücher von Jean Bruce, Türschlösser, die nichts mehr wissen wollten, eine schüchterne Kröte und viele leere Flaschen, einen Apfelbaum, der auch eine Erinnerung war, eine zwischen zwei Bäumen versteckte Hütte, und zum Frühstück warme Milch in einer Arcopalschüssel. Dort würde man hin und wieder Wochenenden in der Natur verbringen, unter Freunden, mit den Kindern, Waffeln essen und winzige Obstschnapsgläser leeren. Selbst der Regen konnte diesem wiederkehrenden Glück nichts anhaben.

Die Ferien vergehen schnell. Zwei Wochen sind fast nichts, sogar wenn man keine Hausaufgaben hat und es regnet. Man steht auf, frühstückt, ein Marvel-Comic, eine Runde im Park, und schon geht es wieder ins Bett. Zwischendurch musste man natürlich zwanzigmal laut werden, damit du dir die Zähne putzt, die Socken anziehst und aufhörst, mit deiner Nerfgun Dinge kaputtzumachen. Wir haben nicht bemerkt, wie die Zeit vergangen ist. Morgen wirst du zwölf und vierzehn sein. Ein erster Flaum auf der Oberlippe und der Drang, dich zurückzuziehen. Was hätten wir machen können? Nichts. Einfach nur Eis essen und im Bett lesen, sich fragen, ob Rocket cooler ist als Groot oder Ron lustiger als Dewey. Es ist die Autobahn der Kindheit, der Tokaido-Express der ersten Jahre. Man kann sich am Anfang die Beschleunigung nicht vorstellen, die Veränderung der Nächte und des Bilds im Spiegel. Schau uns an, wie sehr du dem ähnelst, der ich war, wie ich werde, was du sein wirst. Wenn du dich heute bei der Aussprache eines Wortes vergaloppierst oder einen falschen Begriff verwendest, korrigiere ich dich nicht mehr. Ich lasse deine Fehler andauern. Ich zögere den Augenblick noch ein wenig hinaus, an dem ich an der Reihe bin, Lektionen von dir zu erhalten. Und das Ende des Urlaubs, für immer.

Wo werden wir sein, wenn zehn weitere Jahre vergangen sind? Seitdem ist so viel passiert. Du bist eine Welt in der Welt. Du bist meine Müdigkeit und mein Blut, der Geruch meiner Freude, die Achse, um die sich die Stunden drehen. Du bist fern und immer noch da. Eines Tages wirst du selbst auf die Idee kommen, dir vor dem Rausgehen eine Hose anzuziehen, und mich nicht mehr jeden Tag nach meinem Lieblingssuperhelden fragen. Du wirst nicht mehr diese Spielwut haben, du wirst sogar auf eigenen Wunsch duschen. Freundinnen werden ein ernsteres Thema sein als Freunde. Du wirst größer sein als deine Mutter (meinen Berechnungen zufolge schon im nächsten Jahr), und du wirst feststellen, dass zehn Euro nicht ausreichen, um dich zum Millionär zu machen. Im Grunde habe ich es nicht eilig. Wir lassen uns Zeit, okay? Lass uns dem Glück nachspüren. Lass uns lange an Erinnerungen werkeln. Lass uns langsam leben, mein kleiner Kater, und deinen nächsten Geburtstag abwarten. Werde nicht allzu schnell zwanzig. Ein großer Junge, das reicht doch schon.

Heute Morgen wolltest du nicht aufstehen. Und dann hast du dich daran erinnert, dass du Pacôme, Lucien, den anderen Oscar und die schöne Giulia treffen würdest. Deine Kumpels, wie du sagst, jetzt, wo alles scheiße ist und du auf Fotos den Gangsta gibst. Ich habe dich heute Morgen mit deinem viel zu schweren Rucksack und deinen abstehenden Ohren losgehen sehen. Ich weiß, was dich am anderen Ende deines Wegs erwartet, deine neue Klasse, die Kumpels und diese Frau mit den hellen Augen, die dir beibringen wird zu lesen, zu schweigen (inschallah) und zu werden, was wir sind. Vielleicht ist das eine gute Nachricht. In diesem Sommer bist du fünf Zentimeter gewachsen, du bist im Meer geschwommen, du hast heimlich an deine Mama gedacht, am Abend hast du im Schlafsaal des Camps Omas Gebäck gegessen, du bist an alle möglichen Orte gefahren, wie die Kinder von Eltern, die sich nicht mehr lieben. Du kamst in den Genuss von Autobahnpicknicks, Eis am Strand, Mittagsruhe mit Yakari und Anatole Latuile. Ich schaue dich immer noch an, und du bist nicht mehr derselbe. Zwei Monate sind vergangen, und eine ganze Welt ist untergegangen. Ich bin der Protokollant dieser vergangenen Zeit. Jemand muss schließlich die Zeit messen. Und später, wenn du so alt bist wie ich und so oft müde, werde ich dir von diesem außergewöhnlichen Zeitalter der Freude erzählen, als du in deinem Zimmer Selbstgespräche führtest, als nichts besser schmeckte als gesalzenes Butterkaramell, und ich werde dich an diese Tränen der Verzweiflung erinnern, denn mit fünf gibt es keinen Unterschied zwischen einem zerplatzten Luftballon und einem gebrochenen Herzen. Ich werde dich am anderen Ende erwarten, keine Angst. Deine Kindheit ist an einem sicheren Ort. Du kannst werden, wer du willst.

In dieser Stadt gab es ein altes Freibad, das nur zwei Monate im Jahr geöffnet hatte. Der Juli kam, und sehr früh am Morgen konnte man dort fast allein in diesem klaren Acht-Uhr-Licht seine Bahnen ziehen, wenn die Hitze kaum von der Erde aufsteigt und die Laune so rosig ist wie Florida. Junge Schwimmer beim Training tauchten im mathematischen Rhythmus ein, und unter der Oberfläche sah man den Gleichtakt ihrer Züge, die idealen Oberkörper der Jungs, die Beine der Mädchen, die dem Herzen einen Stich versetzen, die exquisite Leichtigkeit, mit der diese Körper das blaue Wasser mit ihrem verzerrten Spiegelbild teilten. Sie waren wie Waffen, die zum Anschauen erfunden wurden. Manchmal waren sie so schön, dass die Zeit eine Art Schluckauf bekam, kurz anhielt, wie gebannt von der festen Gewissheit ihrer Jugend. Dann zeigte die große Uhr Mittag. Die Familien, die in der Nähe wohnten, kamen vorbei, Kinder aus den westlich gelegenen Vierteln, lachende Teenager, Frauen mit Babys, alte Männer in Badeslip und mit karamellfarbenem Rücken. Der Lärm dauerte bis fünf Uhr abends, das Wasser wurde trüb, und die auf cool machenden Bademeister mussten mit der Pfeife zwischen den Lippen ihren Mut zusammennehmen, um die animalische

Fröhlichkeit der Horden fast nackter Minderjähriger zu zähmen. Mit Hilfe des Sonnenuntergangs kam das Becken bald wieder zur Ruhe. Auf dem Parkplatz stellte sich ein Mädchen auf die Zehenspitzen und spürte zum ersten Mal fremde Lippen auf ihren Lippen. Von weitem konnte man sehen, wie sie die ganze Weltgeschichte wiederholte, mit fünfzehn im Sommer, Erinnerungen, die ihr zwei Jahrzehnte später am Strand wieder einfallen würden, wenn sie ihre eigene Tochter Hand in Hand mit einem Jungen sähe. Schließlich wurde es dunkel, und die Geräusche ringsum erloschen. Selbst das Plätschern hielt sich bis zum nächsten Morgen zurück. Eine Stille ohne Traurigkeit kam auf, und alle wussten, dass es einen weiteren Tag, einen weiteren Sommer geben würde, mit seinen Schreien und schnellen Küssen unter der Dusche. Aber das Freibad wurde abgerissen, man plante Kurbäder, Tourismus, ein Casino. Die Umsatzprognosen schwemmten die Möglichkeiten des Sommers fort. Es blieb nur die Erinnerung an diese Schwimmer, deren unscharf umrissene Schatten über den gekachelten Boden glitten.

Deine Kindheit ist heute weit weg. Du hast es nicht mehr so eilig, dass die Zeit vergeht und die Ferien kommen. Dieser Körper vor deinen Augen ist auch ein Versprechen. Du denkst an deinen Sohn, der die Nacht im Baumhaus verbracht hat. Du erzählst es deinem Vater, und er muss darüber lachen.

Eines Tages bittet er dich, ihm beim Ausziehen seines T-Shirts zu helfen, und du siehst zum ersten Mal seit sehr langer Zeit seine Brust, die weißen Haare, den geblähten Bauch, die schmal gewordenen Arme. Dabei waren es diese Arme, die dich einst getragen haben. Urlaubsfotos beweisen es. Auch deine Erinnerungen sind eindeutig. Und jetzt ist so wenig von ihnen übrig, von diesen Armen, die dich gehalten haben, die dich hochgehoben haben, in denen du nichts warst, mit diesen Händen, die dich aufgefangen haben, als du vom Fahrrad gefallen bist, und die dir Ohrfeigen gegeben haben, wenn du frech warst. Es ist sehr sonnig hinter den heruntergelassenen Vorhängen und in diesem Raum, der zu klein ist, um all die alten Möbel aufzunehmen, erkennst du den Körper nicht mehr, der dich ernährte, dich anzog, dir neue Turnschuhe und Federmäppchen zum Schulanfang kaufte, diesen Körper, der fast fünfzig Jahre lang gearbeitet hat, um dich zu beschützen, damit du es im Winter warm hattest und den Sommer am Meer verbringen konntest. Dieser Körper, dessen Wärme du gesucht und den du viel später mit aller Kraft gehasst hast, weil er dir im Weg war, wenn du ausgehen wolltest, wenn du mit den Kumpels trinken gehen wolltest, wenn du Dinge erleben und ihn deshalb töten wolltest. Und hier endet er, für immer, vor deinen Augen im diffusen Julilicht. Ungläubig begutachtest du die Schäden, den unverkennbaren Geruch, den geschwundenen Muskel, die erblasste Haut und vor allem diesen kahlen Schädel, so verletzlich, so wenig für den Krieg gemacht, rosa wie der eines Kindes, dass man ihn mit der Handfläche schützen möchte. Dann fängst du fast an, es zu bereuen, nicht mehr das Kind zu sein, das unter dem großen Kastanienbaum Murmeln spielte, *Die blauen Boys* zur Mittagsruhe las und für das Zeit nur im unbeirrbaren Wechsel zwischen Schuljahr und lang ersehntem Sommer bestand.

Gestern ist dein Vater in die Notaufnahme gekommen. Von weitem hast du lange seine stille Reglosigkeit erlebt. Die Krankenhäuser sind unser neuer Exodus, überfüllte Notlagen, Massen mit der Geduld von Gefangenen, die auf ihre Viertelstunde warten, das Unglück der Überzähligkeit und der quantifizierten Risiken. Am Telefon zögerte eine Frauenstimme, sehr ruhig, trostlos und weise, mit dem schweren Akzent dieser Gegend. Der klare Himmel zählte seine Sterne und du deine Zigaretten. Es gab nichts zu wissen, es gab nur das Alter und den Vater, der nicht mehr abhebt. Du hast dir diese fünfzig Prioritätsfälle vorgestellt, die deine Nacht in die Länge ziehen, die weißen Kittel in den Gängen, armselige Schiffe, die nicht mehr genug Rettungsboote, Öl, Lebensmittel an Bord haben, ermattete Besatzungen, die die gemischte Welle der Warteräume aufnehmen. Hinter den Kulissen krepiert eine Welt an ihren Verwaltern, Betreuungsschlüsseln und Summen. Das Bilanzergebnis hat alle Streitigkeiten beendet. Wir haben nur noch unsere Schlaflosigkeit, um uns um unsere Dramen zu kümmern. Dann werden wir an der Reihe sein. Auch wir werden die Korridore, das weiße Licht, die Engpässe und den Charme der letzten Bastion kennenlernen, die traurige Ruhe der Frauen in Crocs und der Assistenzärzte, die das Kanonenfutter unseres Buchhalter- und Bürokratenzeitalters sind. Ja, wir werden zu Nummern in der Kalkulation, wie die anderen. Man wird bis zum letzten Atemzug an uns knausern. Nichts tötet so sehr wie eine Subtraktion. Und am Ende wird ein Bericht über den Rohertrag unseres Dahinscheidens befinden. Wir werden wie unsere Eltern die Perfektion der Ausgleichsrechnung erreichen. Das arithmetische Schlachtfeld wird unser Chrysanthemenbett sein.

Du warst so stark, und wir haben so sehr gekämpft. Fünfzehn Jahre Streit wegen Politik, Gras, deiner unhinterfragten Autorität, deines Vermächtnisses von Ohrfeigen und ungesagten Worten, wegen Vater-und-Sohn und weil wir es nicht besser wussten. Das wäre Stoff für zwanzig Jahre Therapie, du, der nie wirklich ans Wort geglaubt hast und, spräche man dich auf das Unterbewusstsein an, mit den Schultern zucken würdest. Du kommst aus einer fast versunkenen Welt, in der die Männer einfache Pflichten und bestimmte Anforderungen zu erfüllen hatten. Sie füllten den Kühlschrank, sorgten für ein Dach überm Kopf und Klamotten am Körper, und wollten sonst nur, dass man ihnen gehorcht. Sie waren lange unumstritten, in ihrer Dummheit, ihrer liebevollen Brachialität, ihrer distanzierten Liebe, ihrer Wut, die einem den Sonntag, ein Weihnachtsfest oder den Urlaub ruinierten. Die Zeit dieser Männer geht zu Ende, und du bist nicht mehr der schreckliche, allmächtige Gott des Alten Testaments. Ich schaue dich an, wie schmächtig du bist, wie du zögerst und nicht mehr weißt, welcher Tag, welche Stunde ist, was deine Symptome sind oder wie es um deine Arterien steht. In Hausschuhen, im Krankenhausflur, suchst du nach einer Tür. Du sagst zu allem ja, aus Angst, deine Vergesslichkeit könnte entlarvt werden. Du lächelst, das bleibt dir noch, endlich sanft, weil schwach. Und heute Abend fragst du mich, wo Mama ist. Du erinnerst dich nicht mehr an eure Zerwürfnisse. Du weißt nichts mehr von diesen Jahren vor Gericht, vom Streit voller Berechnung und List, der euch zu Feinden gemacht hat. Du bist verloren und wartest auf sie. Ich muss wieder von vorn anfangen. Und niemand kann sich vorstellen, was es heißt, plötzlich allein, plötzlich alt, plötzlich ledig zu sein, Fehler zu bereuen, an die man sich nicht erinnern kann, ein ganzes Schattenreich zu erahnen, in dem das geduldig aufgebaute Leben wie unbemerkt zusammengebrochen ist. In diesem Albtraum aufzuwachen, auf die eigenen Hände zu schauen, die Hilflosigkeit darin, die weißen Wände, und so zerbrechlich geworden zu sein, so wenig, dass man seinem Sohn Worte sagt, die gestern noch unmöglich waren. Dann zurück in die Nacht, ins Geheimnis dieser Gegenwart, die aus der Leere zu dringen scheint und keinem Gesetz mehr folgt. Diese reine Gegenwart, in der ich deine Hand ergreife, so wie du meine gehalten hast, als du der Vater warst und ich das Kind.

Ich könnte genauso gut über das Leben meiner Mutter berichten, über ihre Diensteifrigkeit, wie sie sich spät befreit hat, wie sehr sie eine Frau ihrer Zeit, ihres Milieus, ihrer Region war. Ein anderes Mal. Mein Vater heißt Paul, was auch der Name seines Vaters war. Er kommt 1946 in Épinal in einer Familie mit zehn Kindern auf die Welt und verliert etwa zu der Zeit, als er ins Berufsleben eintritt, seinen Vater. Er ist vierzehn oder fünfzehn. In diesem Alter träumt er davon, das Land zu sehen, eines Tages Kinder zu haben, sein eigenes Haus, er raucht Gitanes brunes, folgt den Großtaten von AS Saint-Étienne an einem kleinen Transistor, er hat Freunde in Hülle und Fülle, und am Abend betreibt er Bodybuilding mit selbstgemachten Geräten. Selbst ist der Mann dieser Welt. Später arbeitet er in ganz Frankreich, im Ausland, auf Baustellen, wo er Elektriker, fast Chef und ziemlich zufrieden ist. Darauf folgen die Hochzeit, ich, noch mehr Arbeit, Umzüge, um besser zu verdienen und bauen zu lassen, das Einfamilienhaus und das Grundstück als Lohn für seine Mühen. Endlich zu Hause, im engsten Familienkreis, die Nachbarn nerven nicht, die Kindheit zu zweit im selben Bett ist noch in Erinnerung. Die Details müssten archäologisch untersucht werden. Es müsste weiter ausgeholt und genauer erzählt werden. Hier fehlt der Platz, und auch die Erinnerung. Ich weiß, dass er jeden Abend nach Hause kommt und sich über die hunderte Kilometer beschwert, die er zurückgelegt hat, um im ganzen Département und darüber hinaus Aufzüge zu reparieren. Wir sind in den 80ern, aber er hat bereits ein kleines Gerät, das Tag und Nacht piept und ihn ständig in Alarmbereitschaft hält. Otis bot einen 24/7-Service an. Mein Vater erledigt den Job am Ende der Kommandokette. Am Sonntag schläft er vor dem Grand Prix ein. Prost gewinnt – oder Senna. Das ist nicht wichtig. Wir bleiben zu Hause, dem Piepton ausgeliefert. Meine Eltern streiten sich, wegen des Drucks, der immer fehlenden Worte, weil ich ein ätzender Teenager werde und Joints rauche, weil es die schwierigste Angelegenheit auf der Welt ist, miteinander klarzukommen. Mein Vater arbeitet. Die Kilometer, die Rufbereitschaft, der Druck, die immer weitergehende Überwachung, nicht befördert, weil Gewerkschafter, keine Gehaltserhöhung, weil zu großes Maul. Ich erinnere mich an seine Freude an einem Streiktag, weil ein sonst schüchterner Kollege einen Chef angerempelt hatte. Die Rache und ja, diese Freude, der Jubel, die Umkehrung der Machtverhältnisse, den Zwang auf den Kopf gestellt. Befristete Freude. Das Recht war selten auf seiner Seite. Mein Vater wurde ausgebeutet, war aber nicht unglücklich. Der Babyboomer, Macho und voller Gewissheiten, ging seinen Weg, reiste, hatte am Wochenende Geld und seinen Rasen zu mähen. Sein Leben hat er sich, wie wir alle, gleichzeitig ausgesucht und erlitten. Der Freiheitsanteil lässt sich auch im Nachhinein schlecht bemessen. Eines Tages ging er in den Ruhestand und ließ sich treiben, meckerte vor den BFM-Nachrichten und genoss mit meiner Mutter einen Rest an Gesundheit.

Später kam die Trennung, die Krankheit, der Gedächtnisverlust, die Blässe vom Ende des Endes, diese federleichte Mickrigkeit, dieser Mann, der ein Koloss war, mein Gott, ein hübscher, lachender Kerl, verschwunden. Jetzt bin ich der Mann. Ich hatte Glück. Fast alle Verpflichtungen, die auf meinem Vater lasteten, sind mir fremd. Ich habe kaum noch einen Chef, keine Geldprobleme, ich bin Herr meines Kalenders, meines Weckers, und mein Schlaf gehört mir. Aber ich bleibe für seine Opfer verantwortlich. Darin liegt meine Schuld. Mein Blut ist das derjenigen, die man nie in Ruhe lässt, der unterwürfig Knurrenden, derjenigen, die vom Fließband, von der Stoppuhr verschlungen werden, die nur die Zeit haben, die man ihnen lässt. Ich werde immer ein Proletenkind bleiben, das stolz auf sein Abitur ist, das Angst vor Arbeitslosigkeit und Schulden hatte, das jeden Abend beim Wetterbericht eingeschlafen ist. Dieser Mann, dessen Leben für Zwecke verwendet wurde, die nicht allesamt die seinen waren. Der die Tage vor den Ferien, die Monate vor der Rente zählte. Meine Welt ist die der gewaltsam verkauften Zeit, die geopfert wurde, weil es eben so war. Mein Geschlecht ist das der Unzufriedenen, die durchhalten, weil sie keine Wahl haben, und davon träumen, dass ihre Kinder es besser haben, dass sie glücklicher, weniger unterworfen und weniger müde sein werden. Mein Volk ist das große Volk meines Vaters, und ich verabscheue diesen Rentendiebstahl von zwei Jahren, der mich eigentlich nicht betrifft.

Seit der Kindheit eine lange Lektion an Dingen. Man muss das Einmaleins kennen, den Konjunktiv und das Futur II, die Fabeln von La Fontaine und die Hauptstädte, die man niemals sehen wird, Montevideo, Ulaanbaatar, Kapstadt oder Canberra. Auf den Schulhof wirft ein großer Kastanienbaum seinen Schatten. Aufs aufgeschlagene Knie Mercurochrom, die Murmeln ins Loch, dann kommen die Mädchen, morgen das Abitur, und schon ist es vorbei. Bis dahin ging alles sehr schnell, und jede Lüge musste geschluckt werden. Man wuchs einfach auf, ohne je ins Bett zu wollen, und sterben war nur ein starkes Verb. Aber die Ereignisse überstürzen sich, und schon ist es Zeit für den großen Sprint um die ersten Plätze. Man hat schlaflose Nächte und Kater. Eine kleine Brünette mit gelben Augen reicht dir am Bahnhof einer Provinzstadt die Hand. Man schreibt Daten auf Fotokarton, und die Wirtschaftslehrbücher riechen angenehm nach Textmarker. Schau, das war gestern, und im Rückspiegel ist schon nichts mehr zu erkennen. Die Landschaft ist jetzt verschwommen wie durch das Fenster eines Zuges. Du wachst auf, und ein Kind schläft nebenan. Deine Augenlider sind schwer. Die Zeit ist vergangen, und das Auswendiglernen nützt nichts mehr. Es wird keine Übungsklausur mehr geben, keinen Probelauf. Du hast Probleme, Falten, Narben, und dein Kopf ist bald kahl. Du musst auf der Arbeit durchhalten, mit den Kindern lesen üben, zu deinen Eltern fahren, morgen ist Weihnachten, die Geschäfte leuchten, du musst noch zu Monoprix, der Kleine hat wieder eine Kehlkopfentzündung, und die Älteste ist stolz auf ihre wachsenden Brüste. Die Tage sind jetzt so dicht wie Blei, und jede Stunde ist eine Fortsetzung derselben Mühen. Du hast verstanden, was man nie ausspricht, die Müdigkeit, den Zorn, diesen großartigen Dauerlauf, der bis zum Ende anhalten wird. Du kennst den wahren Grund. Dieses Leben hat nicht dir gehört. Es hat sich deiner nur bedient, wie einer Brücke, eines Paars Schuhe. Es hat dich durchschritten und nur einen Kranz vager Erinnerungen hinterlassen. Es ist dein Ruhm und die armselige Verwendung deiner Kraft. Freue dich. Diese Verausgabung ist der einzige Sinn auf Erden.

Das erste Mal bist du in einer Küche bei deiner Tagesmutter. Bald ist es Zeit, zu essen, und der Schnellkochtopf pfeift in regelmäßigen Abständen. Die Fenster beschlagen, und es gibt Schweinebraten mit Bohnen zu Mittag. Im Radio ist es Zeit für *La Valise RTL*. Du bist fünf, vielleicht sechs. Du hörst Johnny Hallyday auf dem Transistor. Er singt: »Dites au curé, dites au pasteur«. Du bist fünfzehn und trägst deine erste Krawatte. Deine Cousine heiratet, und du bedienst dich heimlich am Alkohol. Schon bist du Jugendlicher. Alle Erwachsenen sind Idioten, du bist in Séverine verliebt, sie trägt eine Oxbow-Jacke, sie mag Jim Morrison lieber als dich. Also hast du dir die Haare wachsen lassen und siehst aus wie ein Bürstenkopf. Irgendwann dreht sich alles, und du übergibst dich hinter dem Festsaal. In der Ferne hörst du »Gabrielle, tu brûles mon esprit«. Du bist achtzehn und wirst zwei Wochen lang in der örtlichen Fabrik am Stapelplatz arbeiten. Du brichst jeden Morgen um fünf mit dem Fahrrad auf und fängst um sechs an. Damals liest du Bukowski, du studierst Geschichte an der Universität einer mittelgroßen Stadt, wo es meist regnet, du weißt nicht so recht, was du mit dir anstellen sollst. In der Fabrik ist dieser harmlose Kerl, der dich unter seine Fittiche genommen hat. Du hast seinen Namen vergessen. Bis zum Schluss, oder fast, wird er vom Mindestlohn leben. Er ist glücklich, im August fährt er mit Frau und Kindern an den Strand. Das wird schön, sagt er. Er hat schon nicht mehr viele Haare. Dieser Typ wird sich dir ein Leben lang einbrennen. Er trug ein T-Shirt, wie man es auf den Märkten kauft, mit einem Wolf, der den Mond anheult, und Motorradstiefel. Er war tätowiert. Du erinnerst dich, dass er seine Tochter Laura genannt hatte. Du bist vierzig Jahre alt, und auf der Autobahn ist es dunkel, es regnet in Strippen, du hörst Radio Nostalgie. Jetzt bist du es, der sein Haar verliert. Du bist müde. Das bist du eh die ganze Zeit. Du hast Dreck am Stecken, Reue und Unterhalt zu zahlen. Du weißt nicht einmal, wo du dieses Jahr Weihnachten feiern wirst. Du hörst »au bout des poings des tessons de refus plantés dans mon destin«. Diese Scherben der Weigerung, das sagt etwas über dich, es schnürt dir die Kehle zu. Und hunderte sind wie du auf dieser Straße, in den Käffern, überall, allein, Männer wie du.

Ab einem bestimmten Punkt siehst du etwas hinter der Müdigkeit. Die Erschöpfung deiner Kräfte, die Tiefe der Augenringe, das unzuverlässige Gedächtnis, dieses Summen, das Hintergrundgeräusch, dieses ständige Gefühl der Unfähigkeit waren in Wirklichkeit nur das Vorspiel zu einem anderen, unvergleichlichen Zustand, der eine launische Form der Klarheit ist. Zu anderen Zeiten, in Wüsten, auf Bergen, im Herzen von kriegsverwüsteten Städten, reichte dieses Gefühl der vertikalen Leere vielleicht aus, um die Existenz Gottes zu bezeugen. Jedenfalls erlöst dich nichts mehr aus den Koordinaten, in denen du jetzt lebst, weder der Schlaf noch die Anstrengung noch der Schmerz. Deine Existenz wird endlich in den gasförmigen Zustand zurückversetzt, wo alles begann, vor der Möglichkeit von Lärm und Fleisch. Streng genommen könnte man sagen, dass du nur noch ein Blick durchs Schlüsselloch bist. Aber es gibt weder Tür noch Haus und nichts zu sehen. Du bist nur noch dieser diffuse Eindruck. Und deine Freiheit wird, an den Rändern, an denen sich dieser träge Körper jetzt befindet, wieder absolut souverän. Da du nichts mehr tun kannst, hat nichts mehr Einfluss auf dich, und du genießt geduldig, endlos und auf etwas perverse Weise diese zweideutige Macht, die dir am Rande der Lähmung zufällt.

Man geht so durchs Leben und trauert hypothetisch um eine Familie, die hätte sein können. Das sind unsere einzigen wahren Gespenster, diese Geschichten, die ihre Chance verpasst haben, diese anderen, die vielleicht die Leerstellen ausgefüllt hätten, die wir überall mit uns herumtragen. Vielleicht gehen wir nur deshalb von zu Hause weg, erfinden uns Begegnungen, Freundschaften, finden Lehrer, Kollegen, Ärger, Liebschaften, die diejenigen ersetzen, die uns, weil sie nicht da sind, zu viele Lücken vermacht haben.

Eines Tages wird der letzte Sommer kommen, den wir unwissentlich genießen, während er hinter uns brennt und uns dabei zuschaut, wie wir enden. Aber nicht dieses Mal, nicht dieses Jahr. Wieder wird es verdorrtes Gras geben, das in die Waden sticht, Salz, das auf der Haut spannt, Laternen, kalten Wein, sechzehnjährige Mädchen und dreizehnjährige Jungs, die ihnen zusehen, wie sie sich verletzen lassen, endlose Fahrrad- und Rollertouren, durch Dörfer, Wohnsiedlungen, Liebe überall unter der Oberfläche, die sich Hände sucht, eine Haut, und der Schrecken des Mittags, wenn sich sogar der Schatten verkriecht. Dann gibt es das ganze Blau, das deiner Augen und des Mittelmeers, des Himmels und der Erde, denn alles wird blau sein, bis zum Herzen, eine Farbe, die so weit ist, dass sie der Nacht widerspricht, dass sie zum ganzen Universum wird wie du. Einmal mehr wird die Luft durchgerührt werden wie eine

Suppe, von Ventilatoren, die uns die zwei oder drei Stunden Schlaf nicht verschaffen können, nach denen Körper verlangen. Ein wenig Staub im Licht der ausgestellten Fensterläden wird mehr zu erzählen haben als wir. Ein Tropfen wird an deiner Seite abperlen, auf einer Flasche Bier, ein wenig Nebel und der wunderbare Geruch von Oregano aus einer Pizzeria nebenan, die bereits den Abend anzettelt. Es wird Schlaflosigkeit geben, weit geöffnete Fenster, zerknitterte Laken, Bücher, die man nicht vergessen wird, Nickerchen, die einen bitteren Geschmack im Mund hinterlassen, eiskalten Schnaps und lauwarme Duschen, nackte Füße auf den Fliesen und die vollkommene Unbeweglichkeit dieser Zeit, die zwischen Juli und August für immer erstarrt, zu unserer Erinnerung wird, das mild gewordene Bild von ein wenig Jugend, die wiederholt werden muss. Es wird einen Sommer geben, das ist das einzige Versprechen, endlich eine Jahreszeit, um allem zu entkommen.

Heute Morgen bist du früh aufgestanden, um einen Zug zu nehmen. In dieser mittelgroßen Stadt ruhte alles im Grau-Lila der Steine, und langsam sahst du den Himmel aufsteigen, grün, gelb und hell, rein wie ein Minz-Atem, grell auf den Umrissen der Dächer. Es war ein Morgen wie früher, wenn das Ende des Schuljahres nahte, wenn man sich auf einer Klassenfahrt im Bus verliebte und spürte, dass die Julitrennungen heranwuchsen. Neun endlose Monate waren mit einem Mal zu kurz. Man hatte nichts kommen sehen. Ein Mädchen oder ein Junge, den man vom anderen Ende des Schulhofs beobachtet hatte, verschwand. Du bist durch die Stadt gezogen, wo Studierende und Gymnasiasten, die ihre Daunenjacken und Mützen abgelegt hatten, sich ihren Weg bahnten. Sie hatten zu tun, Vorlesungen in Jura, Mathematik und Anatomie füllten ihre Schädel, sie bereiteten sich auf Prüfungen vor oder das Jugendleiterexamen. Einige waren frei von jeglicher Wissenschaft und ließen sich vom milden Klima dieses Frühlingsanfangs mitreißen. Der Mittwochsverkehr war gar nicht so unangenehm. Alles war wie neu. Du wolltest einen Kaffee trinken und Leute beobachten, dich mit ihrer flüchtigen Zärtlichkeit füllen, diese Minute genießen, die mit so vielen anderen identisch ist, die trotz des allmählichen Todes der Jahreszeiten zurückgekehrt sind. Und trotz des Krieges, der Gesetze und der Unmöglichkeit des Meeres, trotz deiner dunklen Augenringe und der schlechten Entscheidungen warst du in diesem Moment der glücklichste Mensch der Welt.

Ich erinnere mich nicht mehr, wann ich begonnen habe, auf Facebook zu schreiben. Vielleicht 2008. Und mein erster Instagram-Post muss von 2012 sein. Seither sind es über 1400. Aber erst 2018 habe ich angefangen, Nachrichten zu schreiben, die nur an eine einzige Person adressiert waren. An eine Frau, die erst einmal nicht zu haben war. Diese Texte lassen sich wie versiegelte Briefe an sie lesen, in die ich ihr als süße Überraschung noch die Aufmerksamkeit legte, die andere ihnen schenken würden. Ich sagte ihr: Ich denke an dich, immerzu, ich will dich, deine Hände, deinen Hintern, deine Küsse, deine Zeit, deine Nacht, ich will dich, und du bist nicht da. Ich rechnete mit dem Ende unserer Beziehung, ich träumte davon, dass sie weiterging, ich kreiste ständig um drei, vier fixe Ideen, Abwesenheit, Begehren, Geheimnis, unsere Freude aneinander, trotz allem. Vor allem sagte ich ihr: Schau, wie sehr ich dich liebe, andere beneiden dich.

Unsere Beziehung wurde, da unsere Unterhaltung unter freiem Himmel stattfand, durch die Blicke unbekannter Leser noch intensiver, sie öffneten sie für ein Außen, das glücklicherweise unseren Regeln der Geheimhaltung zuwiderlief. Diese Texte, die ich so vor mich hin schrieb, allein, voller Unruhe und wild entschlossen, ihr zu gefallen, diese Texte an eine Frau, die mir von einem anderen streitig gemacht wur-

de, von einer Familie, einem Job, Verantwortlichkeiten, Tagen, in denen kaum Platz für mich war, diese Texte waren meine List, mein wahres Geschenk und ein Spiel mit dem Feuer. Sie bewiesen unsere Existenz vor den Augen der Welt. Sie gaben dieser Liebe das Gewicht der Blicke, die auf ihr ruhten. Sie brachten Licht in unsere Schattenexistenz.

Beim Schreiben dieser Texte erfand ich die Liebe zwischen uns neu, wie immer öffnete ich das Romanlabor, stellte die Reagenzgläser auf, in denen das Erlebte destilliert, die Gifte und die Substanzen zukünftiger Geschichten kondensiert werden. Ich war diese Fiktionsmaschine, die das Verschwinden zu einem Schicksal macht. Jedes Wort spielte seine Rolle in der entstehenden Legende. Ich versuchte, meine Einsamkeit zu durchbrechen, wenn ich als Liebhaber allein zu Hause saß und über die grässliche Existenz dieser Anderen grübelte, die weit weg von mir an der Seite eines ganz anderen Mannes lebte, wenn ich als Reisender in einem Hotelzimmer hockte, in noch einem Zug, an noch einem Flughafen, wenn ich als Patient im Krankenhaus war, dein verhinderter Lover, ein Vater, ein Sohn, all diese aufeinanderfolgenden unmöglichen Rollen, unsere Komödie.

Wir haben in dieser erst heimlichen Geschichte keine Etappe ausgelassen. Einander kennenlernen, verlieren, sich zum Teufel wünschen, dann Versöhnung, der Wunsch nach einem Leben zu zweit, dann nichts mehr. Abwechselnd waren wir Liebende, ein Paar vor den Augen der Welt, eine Patchwork-

familie, Geschiedene, die wieder zueinandergefunden haben, Getrennte, die sich verbunden bleiben, Fremde, die sich verfluchen, jeder in einer anderen Ecke derselben Stadt. Unsere Herzen waren wankelmütig. Unsere Stunden gezählt. Aber die Hotelzimmer, die Strände, die Tischdecken der Restaurants, die Fotos, unsere Häuser und Freunde könnten unsere Lust und unsere Freude aneinander bezeugen, trotz allem. Wir waren eifersüchtig, verletzt, versöhnlich, intrigant und böswillig. Wir haben viel getrunken, viel Sex gehabt und definitiv wenig geschlafen. Wir haben andere geliebt und uns oft vermisst. Nicht wenig Tränen, Gelächter, malträtierte Bettgestelle, tausende Textnachrichten, von denen nichts bleibt, Weihnachten zusammen und getrennt, Urlaube ebenso, Kilos, die man verliert und wieder zunimmt, Ultimaten und Versprechen, die ganze Palette der Verabredungen hinter den Kulissen bis zu den großen Familientreffen im Rampenlicht. Es bleibt dabei, wir haben gelebt. Dutzende von Texten zeugen von diesem magnetischen Schicksal, unserem gemeinsamen, gestrichelten Pfad, diese sich schneidenden Geraden, die sich letztlich nie decken.

Beim Durchsehen der Texte treffe ich auf die Folge der Jahreszeiten, den Schmerz und die Aufgeregtheit des Anfangs, die Langeweile des Alltags, die Lesereisen, die vorbeiziehenden Städte, ein paar andere Leidenschaften, das Meer, die Verzweiflung, die Wut, unerträgliches Glück, das Abendessen, unsere Kinder, Alkohol, Katerstimmung, Stunden im Bett und stundenlanges Warten, wiederkehrende Sommer, alles überlagert sich, und ich treffe in diesen Satzblöcken, die über fünf oder sechs Jahre gesät wurden, einfach auf unsere jeweiligen Leben und diese Geschichte, die quer hindurchläuft. Diesem großen Ganzen, was unser Schmerz ist und unsere Chance war.

Diese Texte sind auch Teil des Krieges, den ich seit meiner Jugend gegen den Lauf der Dinge führe, indem ich die Uhr anhalte und den stetig strömenden höllischen Fluss der Gefühle, Eindrücke und Bilder in Worte fasse. Im Grunde übersteigt das Leben fast immer unsere Kräfte. Daher war das Schreiben für mich nie etwas anderes als der Versuch, mich über Wasser zu halten und die anrollende letzte Welle ein wenig hinauszuzögern. Diese Bewegung habe ich wiederholt, Tag für Tag. Aber dieses persönliche Ringen fand nicht im luftleeren Raum statt. Schreiben bedeutete hier immer, einem Schicksal Ausdruck verleihen, das nicht nur meins war, aus dem Nebel der Situationen und Affekte Konturen herausarbeiten, in denen sich auch andere wiedererkennen, einen Platz, der auch ihrer sein kann, an dem sie endlich die passenden Worte finden. Eine Stimme entsteht immer kollektiv, und insofern ist Literatur zwangsläufig politisch. Deshalb hat diese Liebesgeschichte, die so einzigartig ist und doch allen anderen ähnelt, eine Bestimmung, die weit über ihre Protagonisten hinausreicht.

Sie reicht von der Chronik einer Leidenschaft, den Fragmenten eines liebenden Körpers zur Möglichkeit eines Außen, der Annahme eines größeren Ganzen. Immer wieder hört man dieselbe Stimme, die fragt: Das soll alles sein? Mehr gibt es nicht? Nur so wenig Leben, so wenig Zeit, so wenig Atem? Und meine Kraft, reicht sie nur so weit? Die Melancholie ist hier der Ausdruck eines Widerstands, einer Klage, die auch eine Revolte ist. Denn hinter der Serenade des Liebenden verbirgt sich immer auch die Aufforderung, ein Leben zu führen, das nach größtmöglicher Intensität strebt. Dieses Buch soll die Kräfte wecken, die in jedem von uns rumoren, das Gefühl, das uns manchmal morgens an der Kehle packt und uns im Auto oder vor dem Spiegel mit feuchten Augen und blassen Lippen sagen lässt: Verdammt, das soll mein Leben gewesen sein? Der Glaube an die Liebe war für uns Vorzeichen eines inneren Aufstands. Es ist auch eine Kriegserklärung: Ich will von dieser Welt, diesem Leben, dieser Zeit mein grässliches Stück. Nichts bringt mich davon ab.

Ich habe dieses Buch als eine Art Höllenmaschine konzipiert, die die verstreuten Teile dieser Wunder und Nöte, des ganzen Stroms von Erfahrungen und Gefühlen, die durch mich hindurchgingen und mir nicht mehr gehörten, neu zusammensetzt. Hinzu kommen das Staunen auf Reisen, die Zerrissenheit, gleichzeitig Vater und Sohn, den Geschehnissen ausgeliefert zu sein. Und wie jedes Mal träumte ich von der Leserin oder dem Leser, die sagen würden: Ja, das bin ich, das sind mein Schmerz und meine Freude, meine Geschichte und unser aller Angelegenheit, so bringt man uns an den Rand der Erschöpfung, und so will ich leben, mit aller Kraft. Dieser Schrei, der den Himmel aufreißt, diese Zeit, die ich mir nicht nehmen lasse, die gehören mir. Ja, ausgehend von dieser einen Liebe will ich glauben, dass es möglich ist, Bündnisse zu schließen und die Waffen für eine endlose Schlacht zu schmieden. Mein Herz gehört mir nicht. Dieses große Verlangen, zu existieren, das überall auf dieselben Disziplinierungen und Unterwerfungsmechanismen stößt, dieser animalische Herzschlag in uns, der in keiner Tabelle Platz hat und keinem Kalkül zustimmt, dieses große Feuer, aus dem unsere Macht entspringt, das ist das Gemeinwohl in seiner reinsten Form. Dieses Buch will eine Brücke schlagen zwischen diesem intimen Herzschlag, dem Seufzen des Einzelnen und dem Aufbegehren unserer Hände. Es möchte der Späher sein, der aus Erinnerung und Berührung gelernt hat und immer die gleiche Parole ausgibt: Halt an deiner Freude fest.